KB049905

사회주의

Vita
Activa 개념사 28

사회주의

장석준 지음

책세상

차례

2장 | 20세기 사회주의, '우리'를 위한 유토피아를!

3장 | 성찰과 모색

사회주의란 무엇인가?

'사회주의socialism'란 무엇인가? 대개 사전에는 다음과 같이 정의돼 있다. "자본주의의 시장 원리를 반대하고 생산수단을 공유화함으로써 사회주의 내지 공산주의 사회의 건설을 목적으로 하는 학설 및 정치운동"(브리태니커 백과사전). "생산수단의 사회적 소유와 경제의 협동적 운영을 특징으로 하는 경제체제"(위키피디아). 생산수단의 사적 소유에 반대해 사회적 소유 혹은 공동 소유를 주장하고 시장 경쟁 대신 협동과 계획을 경제 활동의 중심으로 삼아야 한다고 믿는 이들의 이념 및 운동이라는 것이다. 더 설명할 게 있을까?

그런데 이런 정의도 있다. "사적 소유를 공산주의와 같이 전면적으로 부정하는 것이 아니라 노동의 조직화와 재화의 합리적 분배에 의해 평등 사회를 실현하고자 하는 사회 개량 사상"(마토바 아키히로 외 편, 《마르크스 사전》). 사회주의와 공산주의의 차이를 강조하는 입장이다. 이에 따르면 사회주의는 앞에서 정의한 이

동아시아에서 communism의 전통적 번역어인 '공산주의共産主義'는 원어의 뜻을 제대로 드러내지 못한다. 원어는 '코뮌commune(중세 유럽의 자치도시)의 이념'임을 명확히 드러내기 때문에 대번 어떤 자치 공동체를 떠올리게 하는 반면 '공산주의'는 '공동 재산'이라는 의미 정도만 함축한다. 이런 점에서 군이 반공주의 정서 때문이 아니라 하더라도 '공산주의'는 별로 달가운 말이 아니다. '공산주의'라 할 바에는 차라리 '공생共生주의'가 어떤가. 그래서 이 책도 앞으로 '코뮌주의'와 '공산주의'라는 용어를 함께 쓸 것이다.

념-운동 중에서도 '사적 소유를 전면 부정하지 않는' 일부 흐름만을 뜻하는 말이다. 도대체 무엇이 옳은가?

사실 단 하나의 '올바른' 정의란 있을 수 없다. 사회주의의 역사가 길어 다종다양한 분파가 탄생한 데다, 이 말은 엄밀한 학술적 규정하고는 거리가 먼 정치 용어이기 때문이다. 어느 정치 세력이든 자신의 이념을 '사회주의'라고 하면 사전에 또 하나의 의미가 추가되는 것이다. 가장 극단적인 사례가 1920년에 등장한 독일의 한 극우 정당이다. 이 당을 설립한 자들은 당 이름을 좌파를 연상시키는 '민족사회주의독일노동자당NSDAP'이라 지었다. 너무 길어서 주로 약칭으로 불렸는데, 바로 '나치Nazi'였다. 히틀러의 나치 말이다. 나치당의 '민족사회주의'는 '사회주의'의 참된 의미와는 거리가 멀어도 한참 멀었지만 그래도 '사회주의'를 참칭했다. 이는 터무니없는 일탈이지만, 우리를 헷갈리게 하는 사례들은 무궁무진하다.

카를 마르크스Karl Marx(1818~1883)와 프리드리히 엥겔스Friedrich Engels(1820~1895)는 '사회주의'보다는 '코뮌주의(공산주의)communism'를 선호했다. 두 사람은 사회주의와 코뮌주의를 대립시키기도 하고 사회주의를 코뮌주의의 낮은 단계처럼 이야기하기도 했다. 또 어떨 때는 별 단서 없이 자신들을 '사회주의자'라 칭하기도 했다. 엥겔스는 마르크스와 자신이 전개한 사상을 '과학적 사회주의'라 불렀다. 지금도 일부 마르크스주의자들은 '사회주의'는 국가가 중

제3의 길

앤서니 기든스가 처음 제기했으며 영국의 신노동당, 독일 사회민주당의 신중도 세력 등이 대표적인 사례다. 신자유주의와 사회민주주의 사이의 수렴을 추구하겠다는 것이니 결국 기존 복지국가를 신자유주의 지구화에 맞게 축소 혹은 변형하겠다는 노선이다. 영국 노동당의 토니 블레어-고든 브라운 정부는 대처 시기의 금융화 기조를 그대로 이어받았고 그 결과는 2008년 금융 위기로 나타났다. 독일 사회민주당의 게르하르트 슈뢰더 정부는 복지 축소와 노동 유연화를 추진하는 바람에 노동자 당원들이 대거 탈당했다. 사회민주당은 이로 인한 지지율 추락을 아직도 만회하지 못하고 있다.

마르크스

심이 된 불완전한 평등 사회라는 뜻으로, '코뮌주의'는 자본과 국가를 모두 지양한 가장 높은 수준의 공동체라는 뜻으로 구별해 쓴다. 양자를 구별하지 않고 혼용하는 마르크스주의자들도 있다. 복잡하다. 일단 이 책에서 나는 '사회주의'를 좁은 의미가 아니라 넓은 의미로 사용한다. 즉 굳이 '코뮌주의'와 구별하지 않고 그것까지 포함하는 반자본주의-탈자본주의 이념으로서 '사회주의'를 다루었다.

복잡한 문제가 또 하나 있으니 사회주의와 '사회민주주의social democracy'의 관계다. '사회민주주의'는 본래 사회주의의 여러 흐름들 중 혁명이 아닌 개혁으로 자본주의를 극복해나가겠다는 흐름, 즉 개혁적 사회주의를 가리키는 말이었다. 그러나 2차대전 이후 사회민주주의의 주류는 자본주의를 극복한다는 과제를 사실상 폐기하고 복지자본주의의 관리자 역할에 만족하게 됐다. 그래서 급진 사회주의자들은 '사회민주주의'는 더 이상 '사회주의'가 아니라고 주장하기에 이르렀다. 한국의 운동권도 이런 맥락에서 사회민주주의와 사회주의를 엄격히 구별한다. 그런데 현실은 그렇게 단순하지 않다. 지금도 유럽의 사회민주주의 정당들은 자신들의 이념을 '(민주적) 사회주의'라 부른다. 심지어는 사회민주주의와 신자유주의의 타협을 추구한 '제3의 길' 노선을 지지한 이들까지 자칭 사회주의자다. 그들이 틀렸다고 말할 수 있을까? 아니다. 그들 역시 '사회주의'라는 단어를 쓸 나름의 권리가 있다. 이 권리를 사회주의의 '올바른' 정의란 있을 수 없다. 다종다양한 분파가 탄생한 데다, 엄밀한 학술적 규정하고는 거리가 먼 정치 용어이기 때문이다. 이 책에서는 '사회주의'를 넓은 의미로 사용한다. 즉 굳이 '코뮌주의'와 구별하지 않고 그것까지 포함하는 반자본주의-탈자본주의 이념으로서 '사회주의'를 다루었다.

존중하면 한국 운동권식의 사회민주주의/사회주의 구분법은 다시 혼란에 휩싸이게 된다.

엥겔스

나는 이런 다양한 흐름과 역사적 변천 과정을 있는 그대로 인정하며 사회주의 이념-운동의 이모저모를 설명하고 정리해나갈 것이다. '사회주의'라는 말을 신줏단지처럼 여긴 나머지 급기야는 현실사회주의 국가들은 죄다 '사회주의'가 아니었다는 식의 태도는 취하지 않겠다는 것이다. 사회주의를 둘러싼, 때로는 서로 충돌하기까지 하는 담론들을 역사의 흐름을 따라가며 살펴봄으로써 오히려 이 이념-운동을 좀 더 입체적으로, 생동감 있게 조망할 수 있을 것이다. 이 과정에서 사회주의의 역사적 의미들이 격동하는 우리 시대에 어떤 빛을 던져주는지 (혹은 어떤 그림자를 드리우는지) 따져볼 것이다. 마지막에는, 좀 욕심을 내서, 사회주의가 21세기에도 대안의 지위를 유지하며 생명력을 잃지 않으려면 무엇을 지향하고 어떤 내용을 담아야 하는지 이야기해보겠다.

2008년 금융 위기 이후 자본주의의 가장 발전된 형태인 신자유주의는 항구적인 격동기에 접어들었다. 그러나 이를 극복할 대안이 대중의 지지를 받으며 힘 있게 등장하는 모습은 아직 보이지 않는다. 그래서 혼돈은 더욱 심각해지기만 한다. 극우 파시즘에서 답을 찾으려는 움직임마저 있다. 200년의 연혁을 지닌 사회주의 전통이 있지만, 지난 세기 현실사회주의에 대한 실망과 좌절이 워낙 큰 탓에 대안으로 신뢰를 얻기 쉽지 않은 형편이다. 이

2011년 10월 1일 '월스트리트를 점령하라' 시위대의 모습

2008년 금융 위기 이후 자본주의의 가장 발전된 형태인 신자유주의는 항구적인 격동기에 접어들었다. 그러나 이를 극복할 대안이 대중의 지지를 받으며 힘 있게 등장하는 모습은 아직 보이지 않는다. 그래서 혼돈은 더욱 심각해지기만 한다. 200년의 연혁을 지닌 사회주의 전통이 있지만, 지난 세기 현실 사회주의에 대한 실망과 좌절이 워낙 큰 탓에 대안으로 신뢰를 얻기 쉽지 않은 형편이다. 이런 때일수록 사회주의 전통의 큰 흐름을 돌아보고 그 재구성의 가능성이나 기본 방향을 따져보는 일이 시급하다.

런 때일수록 사회주의 전통의 큰 흐름을 돌아보고 그 재구성의 가
능성이나 기본 방향을 따져보는 일이 시급하다. 나는 이런 본격
탐구를 위한 짤막한 입문서를 내놓으려 한다. 우리 시대 사회주
의운동의 모색에 참고가 될 중간 결산표를 제시하는 것이 이 책
의 목표다.

1장

19세기 사회주의, '다른' 근대를 꿈꾸다

1

원점 ─ 프랑스대혁명과 평등파 운동

플라톤

모어

〈마태복음〉에서는 예수의 이야기를 풀어나가기 전에 우선 기다란 족보부터 읊는다. 마찬가지로 대다수 사회주의 입문서도 우선 역사적 뿌리를 거슬러 올라가면서 운을 뗀다. 출발점으로는 흔히 초기 기독교의 신앙 공동체나 플라톤의《국가The Republic》가 등장한다. 이어 종교개혁기의 급진파, 특히 토마스 뮌처Thomas Müntzer(1490?~1525)가 이끈 독일 농민 반란, 영국 청교도혁명기에 등장한 제러드 윈스턴리Gerrad Winstanley(1609~1676?)의 토지 공유 운동(이 운동을 이끈 이들은 '디거스Diggers', 즉 '땅 파는 이들'이라 불렸다)이 뒤를 따른다. 그리고 으레 유토피아에 대해 상상의 나래를 편 두 저작, 토머스 모어Thomas More의《유토피아Utopia》(1516)와 톰마소 캄파넬라Tommaso Campanella의《태양의 나라La cittàdel sole》(1602)가 잇따른다. 그리고는 곧장 프랑스대혁명 이후의 근대로 넘어간다. 다만 좀 더 학구적인 책들은 프랑스 계몽주의 사상가들 중에도 마블리 사제Abbé de Mably나 에티엔-가브리엘 모렐리Étienne-Gabriel Morelly 같은 사회주의의 선구자들이 있었다는 언급을 잊지 않는다. 만약 사회주의 개론서의 저자들이 시야를 서구 밖으로 넓혔다면, 이 계보에 조로아스터교의 급진 분파인 마즈다크교Mazdakism나 불교의 승가僧伽 공동체도 포함했을 것이다.

캄파넬라

　이러한 종교 공동체와 민중 봉기의 주인공들, 선구적 사상가들은 모두 부유한 자도 가난한 자도 없는 평등한 세상을 열망했고, 그러려면 재산을 공유해야 한다고 주창했다. 사회주의의 정신적 뿌리라 불릴 만하다. 하지만 어디까지나 '뿌리'일 뿐으로 근대 사회주의 자체는 아니다. 물론 사회주의의 근저에 자리한 열망이 인류사에 면면히 이어져왔음을 상기하는 것은 가치 있는 일이다. 하지만 그렇다고 중세 종교개혁자나 농민 반란군을 현대의 좌파 정당 당원이나 노동조합원과 동일시할 수는 없다. 우리가 '사회주의'라 부르는 근대의 이념-운동에는 이전의 선구적 흐름과는 뚜렷이 구별되는 특징이 있다. 근대 사회주의가 등장하고 나서 비로소 새로운 세상에 대한 갈망은 거대하고 지속적인 대중운동과 결합하게 됐다. 이것은 이전에는 찾아보기 힘든 현상이었다. 이런 점에서 근대 사회주의의 출생 연도를 캐보는 일은 중요하다. 비록 날짜까지 고증할 수는 없을지라도 탄생 시기가 대체로 언제쯤인지는 짚어볼 필요가 있다. 이를 통해 이 독특한 이념-운동이 어떠한 역사적 맥락 속에서 등장했는지도 알 수 있다. 도대체 이전과 어떻게 다른 사회 상황이 등장했기에 근대 사회주의가 출현하게 됐는가? 이 신원 확인 작업을 위해 돌아가 보자. 프랑스대혁명의 현장으로.

잘 알려져 있듯이, 프랑스대혁명은 부르주아 혁명이자 민중 혁명이었다. 1789년 6월에 헌법제정국민의회(이하 국민의회)의 주인공을 자처하고 나선 이들은 삼부회의 제3신분 대표들이었다. 그들은 모두 대大상인이거나 그들의 가족인 변호사, 학자들로, 현대 부르주아(자본가계급)의 선조였다. 한데 한 달 뒤 파리에서 봉기를 일으켜 바스티유 요새를 점령하고 국왕이 헌법 제정을 받아들이도록 밀어붙인 이들은 대개 수공업자이거나 영세 상인인 파리의 민중이었다. 아마도 오늘날 노동계급의 조상쯤 될 터인데, 당시에는 '상퀼로트sans-culotte'라 불렸다. 1789년 여름의 승리 이전에는 두 집단, 즉 부르주아와 상퀼로트의 차이는 양자를 한데 아우르던 중세적 명칭에 가려 잘 드러나지 않았다. 바로 '제3신분'이다. 중세부터 이어오던 프랑스의 신분 의회가 삼부회인데, 제1신분은 성직자들이었고, 제2신분은 귀족 그리고 제3신분은 이 둘을 제외한 나머지였다. 무역으로 떼돈을 버는 대大부르주아도, 겨우 입에 풀칠이나 하는 상퀼로트나 땅 한 뙈기 없는 농민도 모두 똑같은 제3신분이었다. 그때까지 세상은 여전히 국왕과 귀족, 교회의 소유였기에 이 거대한 제3신분은 아직 아무것도 아니었다. 그러나 국왕 루이 16세가 만성적인 재정난을 해결하기 위해 세제 개편안을 추인할 삼부회를 소집하면서 대변혁의 때가 왔다. 1789년 초, 파리에 당도한 제3신분 대표들은 이번에는 자신들의 세상을 열고야 말겠다며 단단히 벼르고 있었다.
헌법을 제정해서 국왕과 귀족이 아니라 의
회가 통치하는 체제를 만들겠다는 것이었다.
그래서 감히 자신들이 제헌의회를 구성했음
을 선포하고 나섰고, 결국 승리를 쟁취했다.
제3신분의 또 다른 날개인 상퀼로트의 힘을
빌려서 말이다.

상퀼로트

국민의회는 곧바로 〈인간과 시민의 권리
선언Déclaration des droits de l'homme et du citoyen〉
(줄여서 〈인권선언〉)을 제정했다. 헌법이 제정
되면 전문前文 역할을 할 문서였다. 〈인권선
언〉의 제1조에서는 만인의 자유와 평등을 당
당히 선포했다. "사람은 자유롭게, 그리고 평
등한 권리를 누리게 태어나고 또 그렇게 생존한다"(제1조). 그리고
민주주의의 핵심 원리인 인민 주권을 천명했다. "모든 주권은 본
질적으로 국민에게 있다"(제3조). 익숙한 문구다. 다름 아니라 "대
한민국의 주권은 국민에게 있고 대한민국의 모든 권력은 국민으
로부터 나온다"는 우리 헌법 제1조의 원형이다. 한데 〈인권선언〉
은 "모든 정치적 결합의 목적"인 "권리"의 목록으로, "자유, 소유
권, 안전, 압제에 대한 저항"을 제시했다(제2조). 무엇보다 '자유'가
제일 소중한 가치였다. 〈인권선언〉은 이렇게까지 말한다. "자유는

길드

자본주의가 등장하기 전에는 수공업자들의 동업조합이 생산을 통제했다. 나라마다 이러한 동업조합을 일컫는 말이 있었는데, 영어로는 '길드'였다. 길드도 평등한 노동 공동체는 아니었고 장인/직인/도제라는 명확한 계급 구분이 존재했다. 어쨌든 상업의 논리가 아닌 길드 자체의 논리가 생산 체계를 지배했다는 것이 중요하다. 한편 산업자본주의 초기에 등장한 노동자 조직인 직업별 노동조합은 동일 직종의 노동자들끼리 단결한다는 점에서 길드의 유산을 이어받았다. 하지만 길드와 달리 생산 현장을 직접 통제하지 못하고 다만 자본가에 대해 고용 계약의 개선을 요구하는 역할을 맡았다.

〈인권선언〉

남을 해치지 않는 것이면 무엇이든지 할 수 있다는 데 있다. 따라서 각 개인의 자유권 행사에는 (……) 아무 제한도 없다"(제4조). 다음으로 중요한 것은 '소유권'이었다. "소유권은 신성불가침한 권리이므로 (……) 어느 누구도 그 권리를 빼앗길 수 없다"(제17조).

자유! 낡은 봉건 체제 아래서 얼마나 뜨겁게 열망하던 이상인가! 이제 그 자유가 실현된 것이다! 하지만 만족하기에는 너무 일렀다. 국민의회는 혁명 후 2년 만에 헌법을 제정했다. 이 헌법은 우선 여성은 배제한 채 남성에게만 참정권을 부여했다. 그리고 남성도 다시 '능동 시민'과 '수동 시민'으로 나눠 능동 시민의 선거권만을 인정했다. 능동 시민이란 3일치 평균 임금에 해당하는 직접세를 납부하는 사람들이었다. 즉 일정 규모 이상의 재산을 소유한 사람들로, 대부분 부르주아였다. '제3신분'이라고 다 같지는 않았던 것이다.

누구는 새 체제의 주인이 됐지만 더 많은 이들은 여전히 아무것도 아닌 신세로 남았다. 게다가 국민의회는 헌법만이 아니라 새로운 법률도 여럿 제정했다. 그중에 국민의회 의장 장 르 샤플리에 Jean Le Chapelier(1754~1794)가 법안을 제출했다 해서 '르 샤플리에 법'이라 불린 법률은 노동 현장에서는 어떠한 조직도 결성하지 못한다고 규정했다. 중세부터 이어오는 수공업자들의 조직 '길드guilds (동업조합)'의 해산을 명했을 뿐만 아니라 당시 영국에서 등장하던

20

직업별 노동조합도 금했다. 이제 노동 현장에는 자본가의 독재만
이 있을 뿐이었다. 이것이 바로 부르주아 혁명으로 들어선 체제의
실상이었다. 세상의 새 주인 부르주아는 자신의 형상에 따라 새로
운 체제를 창조했다. 자유는 무엇보다 자본가로 살아갈 자유, 즉
시장 경쟁으로 재산을 축적할 자유였다. 이 자유를 중심으로 세
상 만물이 새로이 배열되어야 했다. 〈인권선언〉의 문구처럼, 물
론 누구나 이 자유를 누릴 수 있었다. 단, 당신도 부르주아가 된
다면 말이다!

르 사플리에

민주주의의 약속에 대한 부르주아의 배반에 '평등 공화국'으로 답하다

부르주아가 만들려는 질서 앞에서 민주주의의 약속은 배반당했
다. 상퀼로트 사이에서는 다시 불만이 끓어올랐다. 혁명을 진압하
려고 외국 군주들이 쳐들어오자 긴장과 갈등은 더욱 고조됐다. 상
퀼로트는 전쟁 때문에 생필품 부족과 물가고에 시달린 반면 부르
주아는 오히려 사재기로 떼돈을 벌었다. 또다시 혁명을 일으켜야
한다는 목소리가 높아졌다. 상퀼로트만이 아니었다. 부르주아 출
신 정치가들 중에서도 뜻 있는 이들이 공감하고 동참했다. 국민의
회 의원이었던 막시밀리앙 로베스피에르Maximilien de Robespierre(1758
~1794)와 그의 동지들(이들이 참여했던 정치 클럽의 이름을 따서 '자
코뱅파Jacobin' 혹은 의사당의 높은 구역에 주로 앉았다고 해서 '산악파

장 자크 루소의 공화주의

루소는 대표작 《사회계약론》(1762)에서 마키아벨리의 전통을 잇는 공화주의를 전개했다. 그는 인민 총회의 직접민주주의로 운영되는 소국을 이상으로 제시했다. 이를 위해서는 시민들 사이의 평등이 보장되어야 하며 시민 자신의 적극적인 정치 참여가 필요하다. 이 점에서 루소의 공화주의는 비슷한 시기에 영국을 중심으로 발전한 자유주의와 명확히 구별된다. 자유주의에서 중요한 것은 정치 참여가 아니라 경제적 영리 추구였다. 또한 자유주의는 참여민주주의가 아니라 정치 엘리트를 통한 대의제를 선호했다. 루소는 《사회계약론》에서 이러한 자유주의에 대한 혐오를 감추지 않았다.

로베스피에르

La Montagne'라 불렸다)이 그런 사람들이었다. 로베스피에르는 선거권을 부르주아에게만 부여한 1791년 헌법에 반대하며 남성 보통선거권을 주창한 소수의 논객들 중 한 명이었다. 그를 비롯한 자코뱅파는 장 자크 루소Jean-Jacques Rousseau(1712~1778)의 공화주의를 철저히 따르는 이상주의자들이었다. 그들은 자신들이 속한 부르주아계급의 이권보다는 민주주의 공화국의 이상을 실현하는 데 더 골몰했다.

1792년 여름, 분노한 상퀼로트와 이들 이상주의자들에게 드디어 기회가 왔다. 외국군의 침입으로 인해 역설적으로 새로운 혁명의 문이 열렸다. 외국군에 맞서려다 보니 부르주아는 다시 상퀼로트에게 손을 벌릴 수밖에 없었다. 군대가 필요했고, 그래서 민중에게 무기를 내줬다. 민중은 무기를 들고 외세에 맞섰을 뿐만 아니라 1791년 헌정 체제 또한 무너뜨렸다. 국왕을 처형했고, 부르주아만으로 이뤄진 기존 의회 대신 상퀼로트도 선거에 참여한 가운데 새 의회인 국민공회를 구성했으며, 산악파 정권을 출범시켰다. 이후 약 2년간을 주류 역사가들은 '공포정치기'로 기록하지만, 사실 이 시기는 부르주아 혁명의 껍데기를 깨고 민중 혁명이 모습을 드러낸 시기였다. 민주주의를 애초 구상대로 실현하기 위해서는 부르주아 질서와 충돌하여 이를 뒤집어엎을 수밖에 없다는 사실이 처음으로 분명해졌다.

그렇다고 상퀼로트가 '자유'에 반대한 것은 결코 아니었다. 그

주류 역사가들이 '공포정치기'로 기록해온 약 2년간은 사실은 부르주아 혁명의 껍데기를 깨고 민중 혁명이 모습을 드러낸 시기였다. 민주주의를 애초구상대로 실현하기 위해서는 부르주아 질서와 충돌하여 이를 뒤집어엎을 수밖에 없다는 사실이 처음으로 분명해졌다.

들이야말로 자유에 목마른 사람들이었다. 단지 부르주아가 자유를 누리면서 더 많은 이들의 자유를 짓밟고 있는 현실에 항의했을 뿐이다. '자유'에 맞서 '평등'을 주장한 게 아니라 '평등한 자유'를 바란 것이다. 그들에게 '평등'이란 곧 만인의 참된 자유를 뜻했다. 남의 자유를 억압해야만 존립할 수 있는 자유가 과연 참된 자유일까? 타인의 자유를 인정함으로써 존립하는 자유만이 참된 자유 아닐까? 부르주아의 매점매석을 막기 위해 정부가 시장을 규제해야 한다는 상퀼로트의 소박한 요구 이면에는 막연하게나마 이런 새로운 철학이 움트고 있었다. 이것을 좀 더 분명한 원칙으로 정식화하는 임무는 집권 자코뱅파의 몫이었다. 사실 로베스피에르 같은 민주주의 투사도 집권 후에는 줄곧 우왕좌왕하는 모습을 보였다. 산악파도 어쨌든 부르주아 출신이었던 것이다. 친숙한 자유주의 사상을 버리고 전에 없던 세계관을 개척하기란 쉬운 일이 아니었다. 그들에게는 참조할 만한 역사도 교과서도 없었다. 하지만 민중의 요구는 절박했으니 지도자들은 뭔가 새로운 것을 생각내해고 제안해야만 했다.

이런 생각의 가닥을 가장 분명히 드러낸 문서는 국민공회가 헌법을 새로 제정할 때 로베스피에르가 제출한 〈인권선언〉 수정안이었다. 여기서는 이전의 〈인권선언〉에 비해 '권리의 평등'을 강조했다. "권리의 평등은 자연적으로 부여된 것이다. 사회는 절대로 이를 위협해서는 안 된다"(제3항). 권리의 평등을 위해서라면 자유도 제약할 수 있다. "자유의 제한은 타인의 권리에서 나온다"(제4항). 소유권도 마찬가지다. 공화국의 모든 시민이 '평등한 자유'를 누리기 위해 제한할 수 있다. "재산권은, 여타의 권리와 마찬가지로, 타인의 권리를 존중할 의무에 의해 제한받는다"(제7항). "형제 시민들의 안보·자유·생명·재산 중 그 어느 것도 재산권에 의해 손상될 수 없다"(제8항).

흥미롭게도 이와 함께 '사회'라는 새로운 주어가 등장했다. "사회는 그 사회 구성원에게 일자리를 조달하거나, 노동에 적합하지 않은 사람이 생존할 수 있는 수단을 확보해주어, 구성원의 생계를 공급해야 할 의무가 있다"(제10항). 이 '사회'란 자코뱅파가 꿈꾸는 민주주의 공화국이 실체화해야 할 무엇이었다. 현실의 살아 있는 시민들은 더 이상 부르주아의 모상模像, 즉 서로 경쟁하는 고립된 개인이 아니었다. 수많은 관계로 서로 분리할 수 없이 얽혀 있는 개인, 즉 알게 모르게 이미 연대하며 살아가는 개인들이었다. 그래서 로베스피에르의 〈인권선언〉 수정안은 이렇게 단언했다. "사회 집단 구성원 중 단 한 사람이라도 박해한다면, 이는 해당 집단을 박해하는 것이요, 해당 집단 구성원 전부를 박해하는 것이다"(제28항). 왜냐하면 우리 모두는 '사회'라는 그물망의 한 요소로 서로 연결되어 있기 때문이다. 이 관계를 벗어난 개인은 있을 수 없다. 이는 부르주아의 세계관에서는 결코 나올 수 없는 결론이었다.

테르미도르의 반동

'테르미도르'란 혁명 정권이 채택한 새로운 달(月) 이름으로 대략 7월 말~8월 초에 해당한다. 1794년 7월 27일에 국민공회에서 급속히 형성된 반反로베스피에르파가 로베스피에르의 권력 기반인 공안위원회를 해체하고 로베스피에르와 추종자들을 사형에 처했다. 또한 상퀼로트의 거점인 파리 코뮌(시 자치기구) 역시 무력화했다. 이로써 공포정치기가 끝나고 대혁명은 다시 부르주아 혁명의 궤도로 돌아갔다. 나중에 레온 트로츠키는 혁명 러시아의 변질을 테르미도르의 반동에 빗대 설명하기도 했다.

하지만 민중 혁명은 오래가지 못했다. 산악파가 실책을 거듭하는 사이 국민공회 내의 온건파가 반격을 가했다. 1794년 여름, 로베스피에르와 동지들은 반대파의 쿠데타에 어이없이 권력을 잃고 형장의 이슬로 사라졌다. 유명한 '테르미도르Thermidor, 熱月의 반동'이다. 이상주의자들이 쫓겨나자 부르주아계급의 이익을 노골적으로 탐하는 자들이 돌아왔다. 혁명의 피로에 시달리던 상퀼로트는 처음에는 맥없이 이를 지켜보기만 했지만 얼마 안 돼 다시 전열을 가다듬기 시작했다. 고대 로마에서 토지개혁을 추진했던 인물을 흠모해 '그락쿠스Gracchus'라 자칭하던 직업 혁명가 프랑수아-노엘 바뵈프François-Noël Babeuf(1760~1797)가 중심에 섰다. 바뵈프와 동지들은 '평등인협회La Sociéte des Égaux'(이하 '평등파')를 결성해 민중 혁명의 재개를 촉구하며 선전에 나섰다.

바뵈프

평등파는 자신들이 로베스피에르의 이상을 계승한다고 주장했다. 하지만 단지 계승에만 머물지 않았으며 한 발 더 나아갔다. 평등파의 문서 〈평등한 사람들의 선언Manifeste des Égaux〉은 "권리의 평등 외에 뭐가 더 필요하냐고?"라고 반문했다. 그들의 답은 "우리는 공동의 재산 또는 재산의 공유를 목표로 삼는다!"였다. 자코뱅파가 민주주의를 위해 부르주아 질서에 제약을 가하자는 수준이었던 데 반해 평등파는 부르주아 질서를 아예 새로운 질서로 대체하자고 했다. 재산의 공유를 통해 부르주아와 상퀼로트의 차이 자체를 없애자는 것이었다. 그들은 "참된 사회 안에는 부유한 사평등파는 로베스피에르의 이상을 계승하는 데에만 머물지 않고 한 발 더 나아갔다. 자코뱅파는 부르주아 질서에 제약을 가하자는 수준이었던 데 반해 평등파는 부르주아 질서를 아예 새로운 질서로 대체하자고 했다. 재산의 공유를 통해 부르주아와 상퀼로트의 차이 자체를 없애자는 것이었다.

람도 가난한 사람도 있어서는 안 된다"고 못 박았다. 이런 '참된 사회'에서만 '참된 공화국'도 가능하다. 평등파는 이를 '평등한 사람들의 공화국'이라 불렀다. '평등한 사람들의 공화국' 건설을 위해 공유해야 할 재산은 무엇보다도 토지였다. 당시 프랑스는 아직 농업 사회였기 때문이다.

평등파가 꿈꾼 민중 혁명은 불발로 끝났다. 이들을 주시하던 부르주아 정부가 선수를 쳤다. 1796년 바뵈프와 동지들은 봉기를 시도할 새도 없이 일제히 검거됐고 조직은 와해됐다. 바뵈프는 법정에서 열변을 토했지만, 판결은 이미 정해져 있었다. 2년 전 로베스피에르와 마찬가지로 바뵈프는 단두대에서 삶을 마쳤다. 부르주아가 이 사건을 어찌나 두려워했던지 바뵈프의 법정 변론은 한 세기가 지난 1888년에야 공개됐다. 그나마 필리포 부오나르티 Filippo Buonarroti 같은 몇몇 동지들이 살아남은 덕분에 바뵈프의 이야기를 다음 세대 운동가들에게 전할 수 있었다. 그래서 우리는 안다, 프랑스대혁명의 대미를 장식한 이 사건에서 근대 사회주의의 첫 나팔 소리가 울려 퍼졌다는 것을.

평등파의 구상 자체는 고대나 중세에도 존재했던 오래된 이상의 재출현 정도로 치부해버릴 수 있을지 모른다. 토지 공유는 동서양을 막론하고 실로 오래된 구상이다. 그러나 이번에는 과거의 사례들과 결정적으로 다른 점이 있었다. 바뵈프 일파에게는 다수의 열렬한 청중이 있었다. 그들의 이야기에 귀 기울이고 박수 치

발레리 자코비, 〈테르미도르 9일Neuf thermidor〉(1864). 테르미도르의 반동이 일어난 날, 부상을 입은 로베스피에르가 공안위원회의 방에서 동료들에게 둘러싸인 채 누워 있는 모습. 반동을 일으킨 자들이 호기심과 조롱이 섞인 눈길로 그를 쳐다보고 있다

민중 혁명은 오래가지 못했다. 산악파가 실책을 거듭하는 사이 국민공회 내의 온건파가 반격을 가했다. 1794년 여름, 로베스피에르와 동지들은 반대파의 쿠데타에 어이없이 권력을 잃고 형장의 이슬로 사라졌다. 유명한 '테르미도르의 반동'이다. 이상주의자들이 쫓겨나자 부르주아계급의 이익을 노골적으로 탐하는 자들이 돌아왔다. 혁명의 피로에 시달리던 상퀼로트는 처음에는 맥없이 이를 지켜보기만 했지만 얼마 안 돼 다시 전열을 가다듬기 시작했다. 고대 로마에서 토지개혁을 추진했던 인물을 흠모해 '그락쿠스'라 자칭하던 직업 혁명가 프랑수아-노엘 바뵈프가 중심에 섰다. 바뵈프와 동지들은 '평등인협회'(이하 '평등파')를 결성해 민중 혁명의 재개를 촉구하며 선전에 나섰다.

상퀼로트가 느낀 거대한 벽은 고스란히 그 자손들의 삶에서 반복된다. 이러한 거듭된 약속 파기와 배반을 경험하며 우리는 민주주의의 마지막 예외 지대를 향해 진격하라는 외침에 귀를 기울일 수밖에 없다. 이런 외침에 여러 이름을 붙일 수 있겠지만 이미 널리 알려진 이름이 있다. 바로 '사회주의'다.

며 평등파의 꿈에 기꺼이 동참할 태세가 되어 있는 대중이 있었던 것이다. 이미 민주주의 혁명을 경험했지만 부르주아가 이루어놓은 결실에는 결코 만족할 수 없었던 도시 민중들이었다. 민주공화국의 약속이 부르주아 지배 체제에 가로막혀 더 이상 전진하지 못하는 현실에 답답해하던 이들 대중은 평등 공동체라는 오래된 해법을 정색하고 새롭게 바라봤다. 이 만남이야말로 근대 사회주의의 출발점이었다. 비록 평등파는 한 번도 '사회주의'나 '코뮌주의'라는 말을 써본 적이 없지만 말이다.

생물학에는 개체 발생이 계통 발생을 반복한다는 주장이 있다. 한 생명체의 성장 과정에서 진화의 전체 과정이 반복된다는 것이다. 그런데 이 학설의 진위 여부와는 별개로, 인간 역사에서도 이와 비슷한 양상이 나타나곤 한다. 지금까지 프랑스대혁명에서 나타난 신흥 부르주아 질서와 민주주의의 약속 사이의 충돌을 살펴봤다. 지금도 세계 곳곳에서는 200여 년 전 그때처럼 민주주의의 원칙을 확인하려는 크고 작은 운동들이 계속되고 있다. 하지만 이 모든 운동이 결국은 경제 영역을 지배하는 자본 권력 앞에서 발걸음을 멈추고 만다. 경제 영역은 민주주의가 절대 출입할 수 없는 신성불가침 지대로 남아 있다. 상퀼로트가 느낀 거대한 벽은 고스란히 그 자손들의 삶에서 반복된다.

이러한 거듭된 약속 파기와 배반을 경험하며 우리는 로베스피에르의 고뇌에 다시 빠져들 수밖에 없고 종내는 바뵈프가 가리킨

출구를 환기하지 않을 수 없다. 민주주의의 마지막 예외 지대를 향해 진격하라는 외침에 귀를 기울일 수밖에 없다. 이런 외침에 여러 이름을 붙일 수 있겠지만('경제 민주화'도 그중 하나다), 이미 널리 알려진 이름이 있다. 바로 '사회주의'다. 즉 대혁명의 딜레마가 반복되는 세상에서 사회주의는 그 출구를 가리키는 푯말로서 여전히 포기할 수 없는 존립 근거를 지닌다.

초기 사회주의

프랑스대혁명의 승자는 자본가였다. 자본주의의 확산은 막을 길이 없어 보였다. 사실 영국에서는 훨씬 전부터 그랬다. 프랑스의 소란과 상관없이 영국은 산업자본주의가 세상을 어떻게 바꿔나가는지 묵묵히 보여주고 있었다. 부르주아의 전형은 이제 해외 중계무역상이 아니라 공장주였다. 공장은 이윤, 더 많은 이윤을 안겨다주는 기적의 장소였다. 노동자의 피땀과 기계 그리고 석탄의 열기를 버무리기만 하면 이런 기적을 일굴 수 있었다. 이는 앞으로 두 세기 넘게 자본가계급을 권력의 반석에 앉혀줄 묘리였다. 영국의 뒤를 이어 점점 더 많은 나라의 자산 소유자들이 이를 따라 배울 터였다. 바야흐로 번영의 시대였다. 그러나 다른 누군가에게는 고난의 시대였다. 조상 대대로 살아온 농촌을 떠나 도시로 흘러들어 온 빈민들은 생계를 해결할 방법이 없었고 결국 공장의 수인이 되어 기계에 자신의 삶을 마모시켰다. 자본가들에게 부와 권력이 쌓일수록 그들이 고용한 노동자와 가족은 고된 노동과 빈곤, 삶의 황폐화와 씨름했다.

바로 이 무렵 최초의 사회주의 사상가들이 등장했다. 공교롭게도 19세기가 동터오자마자 이들의 활동이 시작됐다. 1800년 로버트 오언Robert Owen(1771~1858)이 스코틀랜드 래너크 시市 인근 뉴래너크New Lanark 공장의 경영에 나섰다. 2년 뒤에는 프랑스에서 생시몽Saint-Simon(1760~1825) 백작이 첫 저작《어느 제네바인이 동시대인에게 보내는 서한Lettres d'un habitant de Genève àses contemporains》을 냈다. 역시 프랑스인인 샤를 푸리에Charles Fourier(1772~1837)도 1808년에 최초의 저서《인간의 사회적 운명과 네 가지 운동의 논리Théorie des quatre mouvements et des destinées générales》를 출판했다.

오언

생시몽

당시 지식인 사회는 자본가들의 승전가에만 귀를 기울였고, 노동자들은 생전 처음 경험하는 공장의 훈육에 지쳐 누군가의 이야기를 들어줄 여력이 없었다. 그래서였을까. 근대 사회주의의 창시자들은 상당히 당황스러운 모습으로 우리에게 나타났다. 그들은 하나같이 '광기에 휩싸인 예언자'였다. 바뵈프와 동갑(1760년생)인 생시몽은 자코뱅파와 상퀼로트가 찾지 못한 답이 자기한테 있다고 큰소리를 쳤다. 하지만 막상 그는 생활고에 시달려 자살까지 시도하는 처지였다. 푸리에의 경우는 더 심했다. 자신의 세계 개조 계획이 실현되기만 하면 바다가 온통 레모네이드로 바뀔 거라고 말했다. 인간 세상이 변화하면 온 우주와 저세상까지 바뀔 것이라고도 말했다. 진지하게 한 말이었다. 푸리에의 책들은 이런

푸리에

19세기에 오언, 생시몽, 푸리에, 이 세 사람만큼 근본적인 물음을 던지고 앞서서 해답을 찾아 나선 인물들은 없었다. 산업자본주의가 흉한 몰골을 드러내자 그들의 마음은 다급해졌다. 하루빨리 근대 문명에 다른 길을 제시하지 않으면 역사는 퇴보하고 말 거라는 위기감에 사로잡혔다.

중세 연금술사를 연상시키는 장광설로 가득 차 있다. 세상의 기준으로 볼 때 그나마 제정신인 사람은 오언이었다. 하지만 자본가에서 사회운동가로, 반교회 운동가에서 심령술 탐구자로 변신한 걸 보면 오언 역시 기인이었다.

그러나 이 시대에 이 세 사람만큼 근본적인 물음을 던지고 앞서서 해답을 찾아 나선 인물들은 없었다. 산업자본주의가 흉한 몰골을 드러내자 그들의 마음은 다급해졌다. 하루빨리 근대 문명에 다른 길을 제시하지 않으면 역사는 퇴보하고 말 거라는 위기감에 사로잡혔다. 생시몽은 본래 뼛속 깊이 엘리트주의자였다. 그가 꿈꾼 이상향은 자본가가 아니라 지식인이 지배하는, 또 다른 위계 사회였다. 하지만 나날이 심해지는 빈부격차에 생시몽의 마음은 가난한 사람들 쪽으로 이끌렸다. 그는 마지막 저서 《새로운 기독교 Nouveau Christianisme》(1825)에서 서구 사회가 "네 이웃을 사랑하라"는 기독교 정신으로 돌아가야 한다고 절박하게 호소했다. 그의 문장들에는 이미 복지국가의 이상이 꿈틀대고 있었다. 생시몽은 1825년 임종시에 급기야 이런 말을 남겼다. "우리의 책이 재간된 후 48시간이 지나면 노동자 정당이 결성될 거야. 미래는 우리 것이야!" 48시간이 아니라 실은 48년은 기다려야 했지만, 그래도 놀라운 선견지명임에는 틀림없었다.

한편 푸리에는 팔랑스테르phalanstère라는 새로운 주거 단지를 설계하고 이 계획을 실행하기 위해 후원자를 찾는 일에 평생을

보냈다. 한때는 오언한테도 자금
지원을 부탁했지만, 끝내 어떤 후
원자도 나서지 않았다. 팔랑스테
르는 방진方陣이라는 뜻의 팔랑스
phalanx와 수도원을 뜻하는 모나스
테르monastère를 합친 말이다. 푸리
에는 공동 주택과 공공 집회 장소,

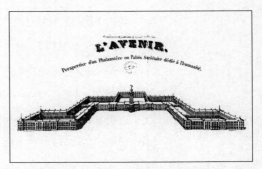

푸리에의 팔랑스테르
조감도

온갖 복지 시설을 갖춘 네모꼴 주거 단지 계획에 이런 이름을 붙
였다. 그는 노동자들이 이 주거 단지에서 공장과는 전혀 다른 방
식으로 생산하고 분배하며 인간다운 삶을 누리길 바랐다. 비록 공
상에 그쳤지만, 푸리에의 팔랑스테르 구상은 자본주의 대도시와
공장의 현실에 대한 생생한 고발이자 항의였다.

　오언은 이 두 사람보다 몇 발자국 더 앞섰다. 생시몽과 푸리에
는 생각만 잔뜩 늘어놓았으나 오언은 우선 실천부터 하고 봤다.
영국은 산업자본주의가 가장 먼저 발전한 나라이고 또한 오언 자
신이 자수성가한 자본가였기 때문에 가능한 일이었다. 오언은 공
장 경영으로 재산을 모으기도 했지만 거기에서 인간이 어떻게 파
괴되는지 목격하고 고뇌에 빠지기도 했다. 그는 새로 인수한 뉴래
너크 공장을 동료 자본가들과는 다르게 운영해보기로 했다. 노동
시간을 줄였고, 노동조건을 새로 정했으며, 강압적 명령을 피했
다. 실험은 공장에 그치지 않았다. 푸리에가 꿈만 꾸던 새로운 노

동자 주거 단지를 실제로 만들었고, 학교를 열어 무상교육을 실시했다. 뉴래너크 실험은 대성공이었다. 공장도 잘 돌아갔을 뿐만 아니라 무엇보다 노동자들은 여기서 새로운 고향을 발견했다. 의회는 오언의 실험을 자본주의도 '인간의 얼굴'을 보일 수 있다는 증거로 활용하려 했고, 러시아 황태자를 비롯해 유럽 전역의 명사들이 견학차 뉴래너크를 방문했다. 하지만 오언이 주제넘게 뉴래너크의 노동조건을 영국의 모든 공장에 확대 적용하는 법안을 제출하자 분위기는 돌변했다. 그는 자본가들에게 배신자 취급을 당했고, 그들의 동정에 기댈 수 없음을 절감했다.

실망한 오언은 미국으로 건너갔고, 거기에서 전 재산을 '뉴하모니New Harmony'라는 또 다른 이상촌 실험에 쏟아부었다. 안타깝게도 이번에는 대실패였다. 한데 그사이에 영국에서는 오언도 모르는 사이 오언주의자들이 등장하고 있었다. 자본주의의 대안을 찾아 헤매던 노동조합 운동가들은 오언에게서 답을 발견했다. 협동이 경쟁을 대체해야 하며 이러한 인간의 협동에 기계가 종속되어야 한다는 오언의 주장은 노동자를 위한 새로운 복음이었다.

1829년 오언은 낙담한 채 고국에 돌아왔지만, 오언주의자들의 열광적인 환영을 받았다. 이후 5

뉴하모니

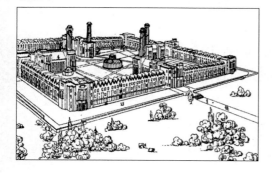

년 동안 오언과 추종자들의 눈부신 활약이 펼쳐졌다. 그들은 직
업별 노동조합들을 '전국노동조합대연합Grand National Consolidated
Trades Union'이라는 단일 노조general union로 총결집시켰으며, 건설
노동자조합으로 하여금 과거의 길드를 부활시켜 자본가 없이 노
동자만으로 작업장을 운영케 했고, 협동조합 운동이 자본주의 시
장의 지배로부터 벗어나 발전할 수 있도록 전국등가노동교환소
National Equitable Labour Exchange를 설립했다. 노동조합과 협동조합, 노
동자 자주 경영과 대안화폐 운동을 동시에 추진한 것이다. 게다가
이 운동들은 이후 자본주의사회에서 만개할 후예들과는 달리 목
표가 선명했다. 바로 지금 자본주의에서 탈피한 새로운 삶을 시작한다
는 것이었다. 하지만 당장은 이러한 시도들 모두 결국 실패로 끝
나고 말았다. 이로써 대중운동과 결합한 오언의 활동은 마침표를
찍었다. 다만 이 실패에서 한 운동만은 끈질기게 살아남아 나중에
활짝 꽃피우게 된다. 1844년 오언의 제자들이 만든 소비협동조합
로치데일 공정개척자조합Rochdale Society of Equitable Pioneers이다. 이
들의 새 출발은 현대 협동조합 운동의 발단이 되었다.

말년의 오언은 주로 교회와 결혼 제도에 반대하는 활동에 전념
했다. 그는 '사적 소유, 종교, 결혼 제도'를 인류가 극복해야 할 3대
장애물로 지목했다. 그렇다고 사회주의에 대한 고민을 이쯤에서
중단한 것은 아니었다. 마르크스와 엥겔스가《공산당 선언Das Kom-
munistische Manifest》(1848)을 발표할 무렵에도 오언은 아직 생존해

있었다. 심지어 여전히 책을 쓰는 중이었다. 1849년에 발표한《인류의 정신과 실천의 혁명The Revolution in the Mind and Practice of the Human Race》은 오언이 말년에 구상한 사회주의 실천 강령을 담고 있다. 그 내용은 "토지의 점진적인 국유화, 재물의 평등한 분배, 어린이들을 공동체에서 교육, 국토를 농촌 코뮌으로 평등하게 분할, 땅을 코뮌이 재소유, 이렇게 나눈 자치도시들을 연방화하고 사실상 코뮌주의적 현실을 지구 전체에 확장하기"였다.《공산당 선언》의 10대 강령과도 비슷한 내용이었다.

30여 년 뒤 엥겔스는《반反뒤링 : 오이겐 뒤링 씨가 과학에서 일으킨 변혁Anti-Dühring : Herrn Eugen Dührings Umwälzung der Wissenschaft》(1878)의 제3편 "사회주의"(《공상에서 과학으로의 사회주의의 발전》이라는 제목의 단행본으로도 출간됐다)에 이런 평가를 남겼다. "미래의 제도에 관한 자신의 최종 계획에서 오언은 모든 기술적인 세세한 부분들을 완성하였는데, 그가 얼마나 깊은 조예를 가지고 있었는지 일단 그의 사회개혁 방법을 채택하기만 한다면 그 세세한 부분들에 대해서는 심지어 전문가의 견지에서도 별로 이의가 없을 정도였다." 마르크스, 엥겔스의 글에서는 좀처럼 찾아보기 어려운 극찬이다. 마르크스와 엥겔스가 생시몽, 푸리에, 오언을 '유토피아 사회주의자'라 불렀기 때문에 흔히 그들이 이 세 사람을 사회주의 역사에서 막간극의 주인공 정도로 치부했으리라 넘겨짚기 쉽다. 하지만 그렇지 않다. 위의 엥겔스의 저작만 봐도 알 수 마르크스와 엥겔스가 생시몽, 푸리에, 오언을 '유토피아 사회주의자'라 불렀기 때문에 이 세 사람을 사회주의 역사에서 막간극의 주인공 정도로 넘겨짚기 쉽다. 하지만 동료 사회주의자들을 야박하게 평했던 마르크스, 엥겔스조차 근대 사회주의의 세 개창자에게는 최대한 예를 갖춰 경의를 표했다.

있듯이, 동료 사회주의자들을 야박하게 평하기로 유명한 마르크스, 엥겔스조차 근대 사회주의의 세 개창자에게는 최대한 예를 갖춰 경의를 표했다.

'사회'를 발견하고 보호하며 재구성하고, 마침내 승리를 꿈꾸다

한데 존경을 보내야 마땅한 인물들이 이 세 사람만은 아니다. 그들이 포문을 연 지 얼마 되지 않아 참으로 다양한 초기 사회주의자들이 곳곳에서 등장했다. 1840년대가 되면 '사회주의 세계'를 이야기할 수 있을 정도로 거대한 흐름이 형성됐다. 우선 생시몽, 푸리에, 오언의 제자들이 있었다. 프랑스의 생시몽주의자들(특히 피에르 르루Pierre Leroux)과 영국의 오언주의자들은 자기 나라에서 처음으로 '사회주의socialism'라는 말을 활발히 사용하기 시작했다. 생시몽 학파는 계급과 국가가 사라진 미래 사회를 표현하기 위해, 나중에 《공산당 선언》에도 등장하게 될 '연합association'이라는 개념을 창안하기도 했다. 푸리에주의는 프랑스뿐만 아니라 미국으로 전해져 랠프 왈도 에머슨Ralph Waldo Emerson(1803~1882) 등 초절주의자들에게 영향을 끼쳤다. 에티엔 카베Étienne Cabet(1788~1856)는 《이카리아 여행Voyage en Icarie》(1840)이라는 소설을 통해 푸리에의 팔랑스테르보다 더 완전한 공동 소유에 입각한 공동체를 제시했다. 그는 '사회주의' 대신 '코뮌주의(공산주의)communism'

카베

《이카리아 여행》

라는 말을 더 선호했다. 마르크스와 엥겔스는 이 말을 카베로부터 배운 것이다.

한편 고전파 정치경제학의 결론으로부터 사회주의의 의미를 끌어내려는 움직임도 나타났다. 영국의 토머스 호지스킨Thomas Hodgskin, 존 그레이John Gray, 윌리엄 톰슨William Thompson 등 리카도파 사회주의자들은 데이비드 리카도David Ricardo(1772~1823)의 노동가치설에서 노동운동의 무기를 찾으려 했다. 그들의 선행 연구가 없었다면 마르크스의 《자본Das Kapital》도 빛을 보기 힘들었을 것이다. 프랑스의 루이 블랑Louis Blanc(1811~1882)은 자본가 소유 기업 대신 생산자 협동조합으로 이루어진 경제체제를 제안한 화제작 《노동의 조직L'Organisation du travail》(1839)을 발표했다. 그는 민주공화국의 입법 활동을 통해, 즉 혁명이 아닌 개혁을 통해 새로운 사회로 나아갈 수 있다고 주장한 최초의 인물이기도 하다('사회공화국'). 이 주장 때문에 마르크스로부터 신랄한 비판을 받기도 했지만, 마르크스 사상에는 블랑의 영향 또한 존재한다. 마르크스가 〈'고타 강령' 비판Kritik des Gothaer Programms〉에서 제시한 "각자는 능력에 따라, 각자에게는 필요에 따라"라는 원칙은 본래 블랑의 발상이었다.

마지막으로 꼭 기억해야 할 이름이 있다. 여성 사회주의자 플로라 트리스탕Flora Tristan(1803~1844)이다. 그녀는 한동안 화가 폴 고갱Paul Gauguin의 외할머니로만 알려져 있었다. 하지만 트리스탕

블랑

트리스탕

은 엥겔스보다 먼저 런던 노동자들의 비참한 생활을 폭로한 작가였고(《런던 산책Promenades in London》(1840)), 국경을 초월한 노동자 조직인 '노동자연합'을 주창한 독창적 사회주의자였다(《노동자연합The Workers' Union》(1843)). 너무도 유명한《공산당 선언》의 슬로건, "만국의 노동자여, 단결하라!"는 사실 원작자가 마르크스, 엥겔스가 아니라 트리스탕이었다. 블랑과 트리스탕이 활동할 무렵에는 이미 사회주의사상이 노동운동에서 열렬한 청중을 발견하고 있었다.

이들 말고도 수많은 초기 사회주의자들이 활약했다. 지난 150여 년간 이들은 마르크스주의에 가려서 제대로 주목받지 못했다. 이는 온당한 대우가 아니다. 초기 사회주의자들은 사회주의의 핵심 원칙들을 확인하고 정식화한 사람들이기 때문이다. 그 원칙은 첫째 '사회'의 발견이었다. 생시몽은 18세기 계몽주의가 자연법칙을 밝혔다면 이제 19세기는 사회법칙을 연구하는 데 집중해야 한다고 주장했다. 그래서 생시몽의 문하에서는 '사회주의'가 나왔을 뿐만 아니라 오귀스트 콩트Auguste Comte(1798~1857)를 통해 '사회학 sociology'이 탄생하기도 했다.

하지만 가장 인상적인 것은 오언이 자신의 대표작《사회에 관한 새로운 의견A New View of Society》(1813)에서 밝힌 견해다. 로베스피에르의 펜 끝에서 모호하게 다뤄지던 '사회'가 오언을 통해 비로소 구체적이고 생생한 모습을 드러냈다. 이 책에서 오언은 개

칼 폴라니

헝가리 태생의 사회사상가. 대표작 《거대한 전환》
(1944)에서 근대 사회를 지배해온 '자기조정 시장'이
라는 신화를 파헤쳤다. 그는 근대사를 '시장화'와 이
에 맞선 '사회의 자기 보호'의 이중 운동으로 바라보
았다. 폴라니에게 사회주의란 기본적으로 시장 체제
와 인간 사이의 모순에 맞선 사회의 자기 보호 운동
이었고, 그 원형은 로버트 오언의 사상과 실천이었다.
이러한 폴라니의 사회주의관은 정통 마르크스주의에
서 발전한 사회주의의 상식들에 맞서 깊이 있는 대안
을 제시한다.

인의 삶을 자신의 책임으로만 돌리는 기독교 및 자유주의의 인간
관은 허구일 뿐이라고 질타한다. "인간은 결코 자신의 성격을 형
성하지 못하고 그렇게 할 수도 없다." 책임은 '사회'에 있다. 즉 모
든 사람의 인격과 인생 행로를 결정하는 '사회'라는 차원이 존재
한다. 그것은 곧 "개인과 사회 전체, 개인적인 이득과 공공선 사이
에 존재하는 서로 분리할 수 없는 연관성"이다. 여기에서 한 걸음
만 더 나아가면, "인간의 본질은 사회적 관계들의 앙상블"이라는
마르크스의 명제(〈포이어바흐에 관한 테제들Thesen über Feuerbach〉 제
6번)나 "사회는 인간들 사이의 구체적인 관계성"이라는 칼 폴라
니Karl Polanyi(1886~1964)의 정리에 이르게 된다. 이 인간관으로부터
오언은 다음과 같은 감동적인 윤리를 이끌어낸다. "자신의 행복
은 공동체의 행복을 늘리는 행위에 의해서만 이루어질 수 있다.
(……) 인간의 개인적 행복은 주변 모든 사람의 행복을 늘리고 확
장하려는 노력에 비례해서 그렇게 될 수 있다."

둘째 원칙은 자본주의는 바로 이 사회를 파괴하며 따라서 이에 맞선
사회의 자기 보호와 반격이 필요하다는 것이다. 푸리에는 "가난은 문
명에서 풍요 자체로부터 발생한다"고 날카롭게 지적했다. 부자의
풍요가 빈자의 빈곤을 낳는다는 것이었다. 오언은 "싸게 사서 비
싸게 파는 데에만 능숙한 (……) 이 제도하에서는 진정한 문명이
있을 수 없다"고 단언했다. "사람들 간의 대립적인 이해관계를 만
들어냄으로써 모든 사람이 서로 적대하도록, 심지어 서로 파멸시

폴라니

모든 사람의 인격과 인생 행로를 결정하는 '사회'라는 차원이 존재한다. 이 인간관으로부터 오언은 다음과 같은 감동적인 윤리를 이끌어낸다. "자신의 행복은 공동체의 행복을 늘리는 행위에 의해서만 이루어질 수 있다."

키도록" 만들기 때문이었다. 이후 자본주의가 낳는 경쟁 그리고 그에 따른 인간의 불운과 억압을 비판하는 것은 모든 사회주의자의 공통 과제가 됐다. 《거대한 전환》의 저자 폴라니는 이러한 사회주의의 본질을 "자기조정 시장을 극복하기 위해 그것을 민주적 사회의 명령 아래에 의식적으로 복종시키고자 하는 것"이라고 정리했다.

그렇다고 '사회'를 산업자본주의 등장 이전의 공동체와 혼동하면 안 된다. 실제로 19세기 초에는 농촌 공동체로 돌아가자는 무시하지 못할 흐름이 있었다. 자본주의에 반대하는 세력 중에 다수는 사회주의자가 아니라 오히려 이들 반자본주의적 보수주의자들이었다. 반면 초기 사회주의자들은 '사회' 자체도 바뀌어야만 한다는 점을 강조했다. 사회주의자들은 보수주의자들과는 달리 '개인의 해방'이라는 자유주의의 이상을 전폭 수용했다. 개인의 해방에 반대해 봉건 질서로 되돌아갈 수는 없었다. 문제는 자유주의가 전제하는 '서로 경쟁하는 고립된 개인'이 허구이기 때문에 자유주의를 통해서는 개인의 해방이 불가능하다는 데 있었다. 초기 사회주의자들은 '서로 연대하는 개인'을 발견했고 이러한 깨달음을 바탕으로 그들 나름의 방식으로 개인의 해방을 추구했다. 따라서 자본주의뿐만 아니라 사회의 전통적인 지배 관계들 역시 혁파해야 했다. 대표적으로 푸리에는 여성과 아동의 해방을 강조한 바 있다. 오언은 가부장적 결혼 제도에서 벗어나 남녀가 서로

킬번, 〈케닝턴 공원에
서의 차티스트 집회〉
(1848). 부르주아 권력
에 맞서 노동자들이 정
치적 요구를 걸고 투쟁
한 최초의 운동. 이전에
는 숱한 빈민에 불과했
던 사람들이 '노동자'라
는 하나의 계급으로 연
대하는 결정적인 계기
가 되었다

자유롭게 사랑할 수 있는 사회를 꿈꿨다. 자본에 맞서 사회를 보
호하고 반격을 추진하려면 사회 역시 개인의 해방을 위해 재구성되어
야 했다. 이것이 초기 사회주의자들이 확인한 세 번째 원칙이었다.

마지막으로, 초기 사회주의자들이 확인한 바는 '자본' 대신 이러
한 '사회'가 근대 문명을 주도해야 한다는 궁극의 목표였다. 그렇다고
'국가'가 '사회'를 대신할 수는 없었다. '사회'의 자기 통치만이 대
안이었다. 그래서 '사회'주의였다. 사실 몇몇 초기 사회주의자들
에게는 궁극적 목표가 그다지 분명하지 않았다. 푸리에만 하더라
도 팔랑스테르와 자산 소유 계급이 병존해도 문제없다는 식이었
다. 그러다가 자본주의의 모순이 점점 더 분명해지자 비로소 자

초기 사회주의자들에게 사회주의란 자본주의 대신 선택할 수 있고 선택해야 할 근대 문명의 또 다른 길(들)이었다. 개인의 해방을 약속한 근대 문명은 이미 실체를 드러낸 자본주의-자유주의의 길을 갈 수도 있지만, 사회주의자들이 구상한 방향으로 나아갈 수도 있는 것이었다.

본 중심의 질서를 사회가 중심이 된 질서로 대체해야 한다는 입장이 대세가 되었다. 이것은 만년의 오언이 도달한 결론이었고, 생산자 협동조합들의 연합을 대안으로 내놓은 블랑 역시 마찬가지였다. 흥미롭게도 국가기구를 통한 개혁에 가장 긍정적이었던 블랑조차 사적 자본을 대체할 주체로 국가를 내세우지는 않았다. 초기 사회주의자들이 선호한 것은 생산자 협동조합이지 국영기업이 아니었다. 19세기 초의 '사회주의 세계'에 '국가사회주의'는 생소했다. 생시몽과 일부 제자 정도만이 예외였다.

지금까지 살펴본 초기 사회주의자들에게 사회주의란 자본주의 대신 선택할 수 있고 선택해야 할 근대 문명의 또 다른 길(들)이었다. 개인의 해방을 약속한 근대 문명은 이미 실체를 드러낸 자본주의-자유주의의 길을 갈 수도 있지만, 사회주의자들이 구상한 방향으로 나아갈 수도 있는 것이었다. 즉 사회주의는 자본주의와는 '다른' 근대(들)의 추구였다. 초기 사회주의자들이 활동하던 19세기 전반은 영국을 제외하고는 산업자본주의가 아직 유아기에 있던 시기였다. 그래서 자본주의의 전진을 과감히 중단시키고 '다른' 근대로 선회하는 것이 충분히 가능하다고 생각할 수 있었다.

지금 돌이켜 보면 격세지감이 들 수밖에 없다. 21세기의 우리는 자본주의적 근대가 이미 극한을 향해 내달리는 시대를 살고 있기 때문이다. 하지만 오히려 그렇기 때문에 '다른' 근대의 가능성을 탐색한 초기 사회주의의 시도들이 의외로 신선하게 다가오기도 한다. 우리에게는 확실히 '공산당 정치국'이나 '5개년 계획'으로 기억되는 20세기 사회주의보다는 두 세기 전의 사회주의, 가령 인간과 우주가 함께 해방되는 거창한 서사시를 풀어내던 푸리에나 일국을 넘어서는 노동자 조직을 만들자던 트리스탕이 더 매력 있다. 말하자면 초기 사회주의는 우리 시대에 걸맞게 부활해야 할 충분한 이유가 있다. 이는 자본주의의 막다른 골목 앞에 멈춰 선 우리에게 '가보지 않은 많은 길들'을 엿볼 수 있게 해주는 소중한 틈이다. 없어서는 안 될 자유의 틈이다.

마르크스와 엥겔스, 그리고 마르크스주의

이제 초기 사회주의의 다양한 흐름들 사이에서 등장해 '사회주의 세계'를 천하통일하다시피 한 한 흐름을 살펴볼 차례다. 다름 아닌 마르크스주의다. 사회주의의 '한 흐름'이라고 했지만, 대다수 사회주의 입문서는 마르크스주의만 설명하다 끝난다. 실은 다 마르크스주의 개론서들이다. 그만큼 '사회주의＝마르크스주의'가 세계인의 상식처럼 돼 있다. 19세기 말 이후 100년 넘게 마르크스주의는 전 세계 사회주의의 표준형으로 추앙(혹은 공격)받아왔다. 보통 '사회주의' 하면 마르크스주의의 이런저런 변종들을 떠올릴 뿐이다.

'마르크스'주의라고는 하지만, 흔히 이런 이름으로 불리는 사회주의 흐름의 창시자는 마르크스와 엥겔스, 두 사람이다. 평생에 걸쳐 마치 한 명의 사상가·운동가인 양 호흡을 맞춘 이 두 사람은 사회주의운동의 역사에서 우뚝 선 봉우리였음에 틀림없다. 그들의 풍부한 성취뿐만 아니라 한계와 오류조차 오랫동안 중요한

마르크스와 엥겔스

마르크스와 엥겔스는 20대 젊은 시절에 만나 일찍부터 의기투합했다. 흔히 마르크스가 이론 활동을 주도하고 엥겔스는 보조적인 역할만 한 것으로 여기지만, 실상은 달랐다. 엥겔스는 마르크스보다 먼저 영국 자본주의의 현실을 접하고 정치경제학 연구를 시작했다. 마르크스는 엥겔스에게 자극을 받아 정치경제학 연구 및 비판 작업에 돌입한 것이다. 역사유물론의 기초를 놓은 미발표 원고《독일 이데올로기》는 말 그대로 두 사람의 '공동' 저작이었고,《공산당 선언》의 초안을 잡은 이는 (마르크스가 아니라) 엥겔스였다.

마르크스와 엥겔스

기준점 역할을 했다. '마르크스주의'라 불리는 사상 체계를 넘어서려 하거나 이와는 달리 생각해보려는 이들조차 우선은 마르크스, 엥겔스의 저작과 대화하거나 씨름할 수밖에 없을 정도로 그들은 선명한 자취를 남겨놓았다. 이 짧은 지면에 이러한 그들의 활동과 사상을 요약하기란 불가능하다. 게다가 다른 좋은 책들이 이미 많이 나와 있다. 여기에서는 다만, 사회주의운동 전체에서 마르크스, 엥겔스의 사상에 바탕을 둔 마르크스주의 체계가 어떤 의미가 있고 마르크스주의자들이 어떤 역할을 했는지 살피려 한다.

마르크스와 엥겔스의 독보적인 점은 19세기 초의 다양한 사회주의 흐름들을 종합하면서 동시에 이후 자본주의 전개 과정에서 강력한 대안 역할을 할 다음 세대 사회주의를 정초했다는 데 있다. 엥겔스는 이러한 자신들의 작업을 '유토피아 사회주의'를 넘어 '과학적 사회주의'를 정립한 것이라 자평했다. 이 대조는 19세기에는 신선하게 들렸을지 모르지만 지금에 이르러 생각하면 꼭 그렇지도 않다. 하지만 마르크스와 엥겔스의 사상이 서로 다른 두 시대를 잇는 결정적인 가교였으며 새 시대의 출발점이었다는 것만은 명백한 사실이다.

그들은 우선 19세기 사회주의의 위대한 종합자였다. 이미 앞 장에서 우리는 초기 사회주의자들과 마르크스, 엥겔스의 거리가 그 마르크스와 엥겔스의 독보적인 점은 19세기 초의 다양한 사회주의 흐름들을 종합하면서 동시에 이후 자본주의 전개 과정에서 강력한 대안 역할을 할 다음 세대 사회주의를 정초했다는 데 있다. 엥겔스는 이러한 자신들의 작업을 '유토피아 사회주의'를 넘어 '과학적 사회주의'를 정립한 것이라 자평했다.

리 멀지 않다는 점을 확인했다. '마르크스주의'라는 이름 아래 20세기 사회주의 역사가 전개되었기 때문에 흔히 간과하곤 하지만, 두 사람은 분명 19세기 초 '사회주의 세계'의 일원이었다. 우리가 살펴본 초기 사회주의자들의 문제의식을 고스란히 공유했던 것이다. 물론 자신들만의 새로운 개념과 이론틀로 훨씬 세련된 물음을 던지고 답을 찾았지만 말이다.

그런 사례 중 하나로, 자본주의 이후 사회의 기업 형태에 대한 구상을 들 수 있겠다. 마르크스와 엥겔스는 《공산당 선언》에서 혁명을 통해 "부르주아로부터 모든 자본을 차례차례 빼앗고, 모든 생산 도구들을 국가의 수중에 집중"시켜야 한다고 말했다. 자본을 사회의 품으로 되돌리는 과정(흔히 '사회화'라 불린다)에서 국유화가 필요하다는 것이다. 그렇다고 혁명 이후에도 계속 국가가 기업을 운영해야 한다는 이야기는 아니다. 새로운 사회의 기업 형태로 두 사람이 맨 먼저 염두에 뒀던 것은 생산자 협동조합이다. 오언이 주창하고 블랑이 공명했던 노동자 협동조합 말이다. 마르크스는 국제노동자협회(제1인터내셔널) 창립 총회 연설문(1864년)에서 "국민적 규모에서의 발전과 국민적 수단에 의한 추진"을 전제로 협동조합 운동이 노동 해방을 위한 위대한 사회적 실험이 될 수 있다고 말했다. 《자본》 3권에서는 "노동자들 자신의 협동조합 공장들은 낡은 자본주의적 생산 형태 내부에서의 그 낡은 형태에 대한 최초의 타파"라고 평가했다. 비록 단명했지만 세계 최초의 노동자 정부라 할 수 있는 파리 코뮌에 대한 분석《프랑스에서의 내전The Civil War in France》(1871)에서는 좀 더 분명하게 이렇게 밝힌다.

> 협동조합적 생산이 공허한 가상이나 사기로 남아 있지 않다면, 그것이 자본주의 체제를 대체한다면, 협동조합들이 모두 공동 계획에 의거하여 국민적 생산을 조절하고 따라서 생산을 자기 자신의 지휘 아래 두어 자본주의적 생산의 운명인 지속적인 무정부 상태와 주기적으로 되풀이되는 경련을 끝장낸다면 — 여러분, 그것이야말로 코뮌주의, '가능한' 코뮌주의가 아니면 무엇이겠는가?

마르크스가 구상한 대안 기업 형태는 분명 노동자 자신이 소유하고 운영하는 기업이었다. 물론 전제가 있었다. 이들 기업이 서로 경쟁하지 않고 "공동 계획"에 따라야 한다는 것이었다. 어쨌든 출발점은 생산자 협동조합이었다. 두 사람은 이러한 협동조합이 《공산당 선언》에서 궁극 목표로 제시한 "연합"(혹은 "연합된 개인들")으로 발전해갈 것이라고 보았다. 이런 맥락에서 마르크스, 엥겔스의 생각은 20세기의 소련이나 북한 체제보다는 19세기 사회주의자들과 훨씬 더 가깝다. 그들은 노동자 투쟁의 경험을 곱씹으며 동시대 사회주의자들의 어지러운 착상과 제안들로부터 새로운 질의 사상을 뽑아냈다.

마네, 〈파리 코뮌의 바리케이드〉(1871)

"협동조합적 생산이 공허한 가상이나 사기로 남아 있지 않다면, 그것이 자본주의 체제를 대체한다면, 협동조합들이 모두 공동 계획에 의거하여 국민적 생산을 조절하고 따라서 생산을 자기 자신의 지휘 아래 두어 자본주의적 생산의 운명인 지속적인 무정부 상태와 주기적으로 되풀이되는 경련을 끝장낸다면 ─ 여러분, 그것이야말로 코뮌주의, '가능한' 코뮌주의가 아니면 무엇이겠는가?"

─마르크스,《프랑스에서의 내전》

19세기 사회주의를 종합하고 다음 세기의 길을 열다

하지만 그들의 시야는 또한 19세기 너머를 내다보고 있었다. 마르크스, 엥겔스가 왕성하게 활동하던 19세기 중반은 '사회주의'라는 말이 처음 등장하던 한 세대 전과는 이미 많이 달라져 있었다. 두 사람이 1848년 혁명 실패 이후 거처로 삼은 영국에서는 더욱 그랬다. 19세기 초만 해도 산업자본주의는 되돌릴 수 있는 재앙처럼 보였다. 그래서 이것과는 '다른' 근대의 길을 선택하자며 초기 사회주의자들이 활동을 개시했다. 반면 마르크스와 엥겔스는 산업자본주의가 영국을 넘어 유럽 전역에서 돌이킬 수 없는 대세가 되어가는 현실을 목도했다. 만년의 엥겔스는 19세기의 마지막 10년 동안 주식회사 제도를 통해 독점 대자본이 성장하는 것까지 지켜봤다. 겉만 보면, 자본주의 대승리의 시대였다. 이런 시대에 사회주의란 무엇일 수 있는가? 무엇이어야만 하는가? 마르크스와 엥겔스는 다름 아니라 이 물음에 답을 제시했다.

두 사람은 헤겔G.W.F.Hegel 철학도답게 역사에 주목했다. 그리고 정치경제학 연구에 이 역사적 관점을 접목했다. 그들은 사회의 핵심 요소를 사회적 생산력에서 찾았다. 인간 사회의 역사는 곧 생산력의 발전 과정이다. 특히 자본주의는 역사상 유례없이 빠른 속도로, 거대하게 사회적 생산력을 발전시킨다. 기계의 힘과 결합해 사회적 분업이 발전하고 산출량은 급증한다. 생산의 사회적 성격

헤겔 철학

헤겔은 역사를 인간 자유의 실현 과정으로 바라보면서 철학적 사유의 주된 대상으로 삼았다. 말년의 헤겔은 특히 《법철학》을 통해 근대가 처한 상황을 깊이 있게 분석했다. 그는 이기적 충동으로 분열된 시민사회는 윤리적 국가를 통해 지양되어야 한다고 보았다. 헤겔이 말하는 '시민사회'는 곧 '자본주의'였다. 이 결론에서 국가의 역할 쪽에 주목한 해석자들은 보수적 입장으로 나아간 반면 시민사회 비판 쪽을 눈여겨본 마르크스 같은 이들은 혁명 사상을 전개하게 된다. 마르크스 이후에도 많은 사회주의자들에게 헤겔 철학은 근대사회를 바라보는 중요한 철학적 틀 역할을 했다.

이 강화됨으로써 부가 늘어나는 것이다. 그런데 사회를 지배하는 것은 여전히 자본가들의 사적 소유다. 늘어나는 부는 고스란히 자본가들의 차지가 된다. 그래서 자본축적이 계속될수록 소수 자본가의 권력이 더욱 강화된다. 사회적 역량의 발전이 역설적으로 반사회적 독재, 즉 '사회적' 부와 가능성의 '사적' 착복을 강화하는 것이다. 사회적 생산 과정에 직접 참여하는 노동계급은 결국 이러한 모순에 맞서 혁명을 일으키게 될 것이다. 그러면 자본주의는 종식되고 새로운 사회관계, 즉 사회주의-코뮌주의가 시작된다. 새 사회는 자본주의가 극한까지 발전시킨 사회적 생산력을 계승한다. 자본가-임노동자의 계급 관계를 벗어버린 사회적 생산력은 이제 불평등의 원동력이 아니라 모든 개인을 해방시키는 힘으로 작동하게 된다. 이것이 마르크스와 엥겔스가 공동 저작《독일 이데올로기Die Deutsche Ideologie》(1846)에서부터 발전시키기 시작한 독창적 사상, 역사유물론이다.

이에 따르면, 사회주의는 더 이상 자본주의와는 '다른' 근대를 설계하고 자신의 도덕적 우위를 설득하는 이념일 수 없다. 사회주의는, 자본주의가 극도로 발전해가는 과정에서 다음 사회의 기반과 주체, 가능성을 형성해가는 역사적 운동이다. 자본주의가 자체 모순의 정점에 도달하면 혁명을 통해 비로소 사회주의를 실현할 기회가 온다. 따라서 자본주의의 승리는 사회주의의 최후 승리를 위한 사전 무대일 뿐이다. 혁명의 승리 이후, 사회주의는 자본주의가 발전시켜온 가능성을 계승하고 더욱더 발전시킬 것이다. 즉 역사유물론에 의해 사회주의는 자본주의의 극한적 발전을 계승-재구성하는 기획으로 변신했다.

  자본주의 발전과 사회주의 실현의 연관 관계에 대한 이런 새로운 시각은 초기 사회주의자들의 사상을 이어받은 마르크스, 엥겔스의 이상에 구체적인 전망과 실천력을 부여했다. 마르크스는 청년기부터 "모든 인간적 감각들과 속성들의 완전한 해방"(《1844년의 경제학 철학 초고Ökonomisch-philosophische Manuskripte aus dem Jahre 1844》)을 지향했다. 《공산당 선언》의 초고인 〈공산주의의 원칙들〉은 이를 "모든 사회 성원들의 능력들의 전면적인 발전"이라 표현했고, 《공산당 선언》에서는 "모든 개인의 자유로운 발전"이라 했다. 이런 목표를 실현하는 데 결정적인 난관은 분업이었다. 따라서 마르크스, 엥겔스에게 사회주의-코뮌주의란 무엇보다 분업이 극복돼 인간의 다양한 능력이 전면 발전하는 상태였다. 《독일 이데올로기》는 이것을 다음과 같은 유명한(혹은 악명 높은) 문구로 제시한다.

  아무도 하나의 배타적 활동의 영역을 갖지 않으며 모든 사람이 그가 원하는 분야에서 자신을 도야할 수 있는 코뮌주의 사회에서는 사회가 전반적 생산을 규제하게 되고, 바로 이를 통하여, 내가 하고 싶은 그대로 오늘은 이 일 내일은 저 일을 하는 것, 아침에는 사냥하고 마르크스는 자유 시간에 분업에서 벗어나 인간 능력의 전면 발전을 추구하는 개인들의 활동이 펼쳐지리라고 보았다. 노동자의 권력 쟁취도, 생산수단의 사회적 소유도 어쩌면 이 목표를 실현하는 수단일 것이다. 이것이 마르크스가 평생의 탐구와 실천을 통해 확인한 노동 해방의 역사적 가능성이었다.

오후에는 낚시하고 저녁에는 소를 치며 저녁 식사 후에는 비평하면서도 사냥꾼으로도 어부로도 목동으로도 비평가로도 되지 않는 일이 가능하게 된다.

어떤 '유토피아 사회주의자'보다도 더 '유토피아'적인 비전을 내놓은 것이다. 하지만 마르크스, 엥겔스는 이러한 비전을 공상에 그치지 않게 할 실마리를 자본주의의 발전 방향 속에서 찾았다. 《정치경제학 비판 요강Grundrisse der Kritik der Politischen ökonomie》 (1858)과 《자본》(1권은 1867년 발간)으로 결실을 맺은 당대 자본주의 연구 작업을 통해 그들은 희망의 근거를 확인할 수 있었다. 자본주의가 발전할수록 노동 과정에서 기계를 통한 자동화가 진척되고 이에 따라 사회 전체에 필요한 노동시간의 총량은 점점 줄어든다. 자본가계급의 지배가 유지되는 상황에서는 이것이 실업과 반半실업(불안정 고용), 초과노동 경쟁 등 노동자의 재앙으로 나타난다. 그러나 노동계급이 권력을 쥐기만 한다면 이야기는 완전히 달라진다. 사회의 모든 구성원이 줄어든 필요노동시간만큼 공평하게 일을 나눌 테고, 그러면 한 사람 한 사람의 노동시간은 획기적으로 단축될 것이다. 또한 그만큼 자유 시간이 늘어날 것이다. 마르크스는 (노동시간이 아니라) 바로 이 자유 시간에 분업에서 벗어나 인간 능력의 전면 발전을 추구하는 개인들의 활동이 펼쳐지리라고 보았다. 노동자의 권력 쟁취도, 생산수단의 사회적 소유도 어쩌면 이 목표를 실현하는 수단일 것이다. 이것이 마르크스가 평생의 탐구와 실천을 통해 최종 확인한 노동 해방의 역사적 가능성이었다.《자본》3권 말미에 제시한 그의 결론을 들어보자.

사실 자유의 나라는 궁핍과 외적인 합목적성 때문에 강제로 수행되는 노동이 멈출 때 비로소 시작된다. 즉 그것은 사태의 본질상 본래적인 물적 생산 영역의 너머에 존재한다. (중략) 자연적 필연성의 나라는 욕망의 확대 때문에 함께 확대된다. 그러나 그와 함께 이 욕망을 충족시키는 생산력도 확대된다. 이 영역에서의 자유는 오직 다음과 같은 것에서만 있을 수 있다. 즉 사회화된 인간(결합된 생산자들)이 마치 어떤 맹목적인 힘에 의해 지배당하는 것처럼 자신과 자연 간의 물질대사에 의해 지배당하는 대신에, 이 물질대사를 합리적으로 규제하고 공동의 통제하에 두는 것, 요컨대 최소한의 힘만 소비하여 인간적 본성에 가장 가치 있고 가장 적합한 조건에서 이 물질대사를 수행하는 것이다. 그러나 이것은 여전히 필연성의 나라에 머무르는 것일 뿐이다. 이 나라의 저편에서 비로소 자기 목적으로 간주되는 인간의 힘의 발전(즉 참된 자유의 나라)이 시작되는데, 그러나 그것은 오직 저 필연성의 나라를 기초로 하여 그 위에서만 꽃을 피울 수 있다. 노동일의 단축이야말로 바로 그것을 위한 근본 조건이다.

이러한 마르크스, 엥겔스의 사상에서 동시대인들, 특히 유럽 대류의 노동운동가들은 더없이 시의적절한 무기를 발견했다. 그들은 두 사람이 남긴 세계관 · 역사관을 통해 자본주의의 개선 행진을 두려움 없이 바라볼 수 있게 되었고 저 너머 새로운 세상에 대해 강렬한 기대를 갖게 되었다. 마르크스, 엥겔스의 사상은 19세기의 막바지에 빠른 속도로 서구 전체에 확산됐다. 그러면서 각국에 상당히 견고하게 뿌리를 내리고 있던 다른 사회주의 흐름들을 평정해갔다. 특히 독일 사회민주당의 성공이 결정적인 계기가 되었다. 독일 사회민주당은 유럽 최초의 합법 노동자 정당으로, 1890년 총선에서는 19.7퍼센트를 득표하며(득표만으로는 제1당) 기염을 토했다. 이 당의 공식 이데올로기가 바로 '마르크스주의'였다. 비록 마르크스, 엥겔스 자신은 사회민주당을 늘 미더워하진 않았지만, 어쨌든 이 당은 독일 노동자들에게 두 사람의 사상을 교과서로 제시했다. 유럽 사회주의 세계에서 독일 사회민주당이 누리는 권위 덕분에 독일어권 바깥에서도 마르크스주의는 점차 사회주의의 표준형으로 대접받기 시작했다.

마르크스, 엥겔스의 사상과는 구별되어야 할 정통 마르크스주의 체계

그런데 이 대목에서 반드시 강조해야 할 것이 있다. 마르크스주의가 곧 마르크스와 엥겔스의 사상 자체는 아니라는 사실이다. 마르크스주의는 두 사람의 실제 생각과는 구별되는 역사적이고 집단적인 마르크스주의가 곧 마르크스와 엥겔스의 사상 자체는 아니다. 마르크스주의는 후세대 사회주의자들이 마르크스, 엥겔스 사상을 자신들의 상황과 실천에 따라 특정하게 재해석하거나 재구성해서 만들어낸 사상 체계다.

구성물이다. 마르크스주의는 후세대 사회주의자들이 마르크스, 엥겔스 사상을 자신들의 상황과 실천에 따라 특정하게 재해석하거나 재구성해서 만들어낸 사상 체계다. 물론 누구나 나름의 해석권을 지닌다. 그러나 누구든 자신의 '마르크스주의'가 마르크스, 엥겔스의 사상 자체는 아니라는 사실을 인정해야 한다. 역사상 처음 등장했고 이후 여러 마르크스주의'들'의 원형 역할을 한 독일 사회민주당의 마르크스주의 역시 마찬가지였다. 이들의 마르크스주의 체계가 형성될 무렵에는 마르크스의 《1844년의 경제학 철학 수고》는 존재조차 알려져 있지 않았고, 중요한 공동 저작 《독일 이데올로기》역시 제대로 출판되지 못한 상태였다. 대체로 《공산당 선언》과 《자본》 1권, 《반뒤링》 정도만이 주된 참고 자료였다. 사회민주당의 마르크스주의가 19세기 말(심지어 엥겔스의 생존 시기와 겹친다)에 등장했다고 해서 원저자와의 정신적 거리가 21세기를 살아가는 우리보다 더 가까웠다고 말할 수만은 없는 이유가 여기에 있다. 이렇게 세기 전환기에 독일 사회민주당을 중심으로 형성된 정통 마르크스주의 체계는 마르크스와 엥겔스의 사상 중에서도 다음의 세 가지 특징을 크게 강조했다.

첫째는 생산력 발전에 대한 긍정이다. 위에서 본 것처럼, 마르크스와 엥겔스는 역량capacities을 중심으로 사회를 바라보았고 그중에서도 사회적 생산력을 강조했다. 생산력의 발전과 이로 인한 모순에서 해방의 가능성을 찾으려 했다. 이를 좀 더 단순하게 도식 마르크스와 엥겔스는 생산력의 발전과 이로 인한 모순에서 해방의 가능성을 찾으려 했다. 정통 마르크스주의는 자본주의의 극한적 발전을 계승-재구성한다는 마르크스, 엥겔스의 기획 중에서 '계승'의 측면을 부각시켰다.

화하면, 생산력의 끝없는 발전을 역사의 진보로 바라보는 관점으로 이어지게 된다. 이것이 마르크스주의의 근본 전제 중 하나이다. 그래서 마르크스주의는 서구 중심의 자본주의적 근대화를 기본적으로 긍정했다. 경제성장도, 서구 세계의 확장도 모두 좋은 일이었다. 이러한 흐름이 더 이상 전진하지 못하고 한계에 봉착할 미래 어느 때에 사회주의가 등장해 모든 것을 인수할 운명이니까 말이다. 이제 노동자들은 자본가의 승승장구를 너그러이 웃으며 바라볼 수 있었다. 그들에게는 "역사의 진보는 결국 우리 편"이라는 새로운 믿음이 있었다. 마르크스주의는 자본주의의 극한적 발전을 계승-재구성한다는 마르크스, 엥겔스의 사회주의 기획 중에서도 그 '계승'의 측면을 더욱 부각시킨 것이다.

둘째는 사회를 대표하는 주체는 노동계급이라는 확신이다. 초기 사회주의자들이 '사회'를 강조하기는 했지만 그 실체는 여전히 모호했다. 물론 이미 오언이 활동하던 때부터 사회주의의 가장 열렬한 청중은 노동자들이었다. 사회주의와 노동운동의 결합은 19세기 내내 점점 더 뚜렷해져갔다. 하지만 '사회'의 자리에 들어갈 주체가 프롤레타리아계급이라고 누구보다 강력히 천명한 사람은 마르크스와 엥겔스였다. 그들은 자본과 노동의 계급투쟁에서 새로운 사회가 싹트고 성숙해간다는 역사적 시각을 제시했다. 자본에 맞서 사회의 자기 보호에 앞장서는 집단이 노동계급이고, 자본을 제압하고 사회의 자기 통치를 실현하는 세력도 노동계급이다. 결

이반 사드르, 〈프롤레타리아의 무기로서의 돌〉(1927). 마르크스는 자본주의에서 필연적으로 생겨나는 노동계급이 자본주의 자체의 운명을 종결시킬 내부의 씨앗이라고 믿었다

사회주의와 노동운동의 결합은 19세기 내내 점점 더 뚜렷해져갔다. 하지만 '사회'의 자리에 들어갈 주체가 프롤레타리아계급이라고 누구보다 강력히 천명한 사람은 마르크스와 엥겔스였다. 그들은 자본과 노동의 계급투쟁에서 새로운 사회가 싹트고 성숙해간다는 역사적 시각을 제시했다. 자본에 맞서 사회의 자기 보호에 앞장서는 집단이 노동계급이고, 자본을 제압하고 사회의 자기 통치를 실현하는 세력도 노동계급이다. 결국 '사회'의 실체는 투쟁하는 노동계급이다.

국 '사회'의 실체는 투쟁하는 노동계급이다. 마르크스주의는 이 복음을 충실히 계승했다. 특히 노동자야말로 역사 진보의 중심축인 사회적 생산력의 담지자라는 점이 강조되었다. 산업자본주의의 확산 및 고도화로 점점 더 거대 세력으로 성장해갈 운명인 노동운동 세력에게 이보다 더 자신감을 부여하는 메시지는 없었다. 새로운 사회가 등장할 징표를 찾는가? 노동조합과 노동자 정당의 활동을 보라! 이것이 구체적인 징표다. 한데 그런 활동 중 많은 부분이 실제로는 자본가들과 마찬가지로 경제적 · 분파적 이익에 갇힌 행동이라면? 이런 불길한 물음에도 불구하고, '사회 = 노동계급'은 사회주의운동의 상식이 되어갔다.

마지막으로는 정치에 적극 참여해야 한다는 태도다. 이것은 청년기부터 마르크스와 엥겔스의 일관된 입장이었다. 그들은 노동계급이 우선 정치권력을 손에 쥐어야 한다고 믿었다. 물론 그들도 다른 초기 사회주의자들처럼 '사회'와 '국가'를 엄격히 구분했고 후자를 불신했다. 그들에게 국가란 "사회라는 몸뚱이"에서 비롯되었으면서도 "사회에서 자양분을 얻고 사회의 자유로운 운동을 저해하는" "이상 생성물"이었다(《프랑스에서의 내전》). 국가는 자본과 마찬가지로 결국 사회의 자기 통치에 길을 내주고 사멸해야 할 존재였다. 그럼에도 불구하고 마르크스, 엥겔스는 사회혁명은 오직 정치권력을 장악함으로써만 시작할 수 있다고 믿었다. 당시에 노동계급이 정치권력을 움켜쥘 수 있는 유일한 방식은 혁명이었다. 그래서 그들은 프롤레타리아계급의 혁명을 주창했다. 이 혁명은 프랑스대혁명 같은 부르주아 혁명과는 달리 정치혁명으로 끝나지 않고 사회혁명의 문을 열어젖힐 터였다. 이는 곧 노동계급이 과도적으로 국가권력의 주역이 될 수 있다는 의미였다. 마르크스와 엥겔스는 이런 과도기에 '프롤레타리아 독재'라는, 논쟁의 여지가 많은 이름을 붙였다.

아무튼 핵심은 다른 초기 사회주의자들과 달리 두 사람이 정치를 중요시했다는 점이다. 그들은 투쟁과 권력 장악 같은 집단적 정치 행위를 통해서 비로소 사회가 실체를 드러낸다고 동지들을 설득했다. 그들의 출발점이 독일에서 민주주의 혁명을 촉발하려는 활동이었다는 것이 이런 특징의 중요한 배경 중 하나였을 것이다. 그들은 독일 민주주의 혁명의 한계와 딜레마(막상 부르주아 혁명이라는 과제를 앞에 두고 부르주아계급은 혁명을 기피한다는)를 돌파하려고 모색하다가 사회주의-코뮌주의를 향해 나아갔던 것이다. 만년에 서유럽 몇몇 나라에서 보통선거 제도가 실현될 조짐이 보이자 그들은 자신들이 권장하는 정치의 목록에 대의민주주의 제도에 참여하는 것도 포함했다. 이 점에서도 그들은 역사의 전개 방향을 더없이 정확히 포착했다. 국민국가의 정치는 다음 세기에 한 사회의 모든 구성원에게 개방되고, 지구 위의 모든 사회로 확산될 운명이었다. 독일 사회민주당은 이런 적극적 정치 참여론을 열렬히 환영했다. 한껏 고무된 이 당은 기존 국가기구를 무대로 펼쳐지는 현실 정치에 더욱 깊숙이 개입했다. 국가에 대한 마르크스, 엥겔스의 복잡한 고민은 애써 무시하면서 말이다. 이미 당시부터 어떤 이들은 독일 사회민주당의 활동 양상에서 '국가사회주의state socialism'라는 새로운 흐름을 감지했다.

　이런 세 가지 특징(생산력 발전 긍정, 노동계급이 사회를 대표한다는 입장, 국가 정치에 더욱 깊숙이 참여하는 경향)을 지닌 정통 마르크스주의 체계가 20세기 벽두에 유럽 사회주의의 표준형이 되었다. 그리고 이후 20세기 내내 전 세계 사회주의 사상 · 운동의 기본 줄기가 되었다. 이렇게 된 일차적 이유는 무엇보다 마르크스주의 체계의 소재가 된 마르크스, 엥겔스 사상 자체의 성취에서 찾을 수 있다. 그들은 미래 자본주의의 발전 방향을 날카롭게 예견했다. 몇 세대에 걸친 자본주의의 눈부신 성장 가능성을 암시했고, 이에 따른 노동계급의 확대와 노동운동의 중대한 역할을 내다보았으며, 국민국가 수준의 정치가 이 운동의 중심 무대가 되리라는 사실을 예감했다. 그랬기에 20세기의 마르크스주의 체계들은 이러한 현실의 양상과 자신들의 신념을 대조하면서 확신을 더욱 다질 수 있었다(일단 20세기의 상당 기간은 그랬다). 그러면서 위의 세 가지 특징을 면면히 이어가고 확대했다. 이 시기에 사회주의의 과제는 기본적으로, 자본주의적 근대화와 어느 정도는 운명을 함께하면서 자본주의의 극도의 발전 이후에 노동계급이 그 성과를 인수해 만인의 소유로 되돌리는 것이었다. 자본가들만의 유토피아를 '우리'

마르크스와 엥겔스 자신은 후대 마르크스주의 체계의 신봉자들이 아니었다. 심지어 마르크스, 엥겔스가 남긴 사색의 흔적들로부터 마르크스주의를 공격할 치명적인 무기를 찾아낼 수도 있다. 이제는 마르크스주의의 주류 판본들을 뛰어넘는 사회주의'들'이 절실히 필요하다.

의 것으로 만드는 일이었다.

다시 한번 강조하지만, 마르크스와 엥겔스 자신은 이런 후대 마르크스주의 체계의 신봉자들이 아니었다. 예수가 교회를 세운 적이 없듯이 그들도 마르크스주의의 특허 신청을 한 적이 없다. 그들 사상의 다양한 측면 가운데는 주류 마르크스주의 체계와 정면충돌하는 것도 있다. 심지어 마르크스, 엥겔스가 남긴 사색의 흔적들로부터 마르크스주의를 공격할 치명적인 무기를 찾아낼 수도 있다. 실제로 마르크스주의 내의 심각한 자기 개혁reformation 시도 혹은 다양한 이단적 마르크스주의들이 이런 비판 전술을 자주 사용했다. 가령 생산력 발전 중심의 역사관을 보자. 마르크스가 말년에 남긴 문헌들에서 우리는 이러한 역사관과 정반대되는 주장을 발견할 수 있다. 그는 1881년에 러시아의 여성 혁명가 베라 자수리치Vera Zasulich에게 보낸 편지에서, 자본주의가 충분히 발전해야 다음 사회로 나아갈 수 있다는 자신의 주장이 러시아에는 들어맞지 않는다고 밝혔다. 러시아는 자본주의 단계를 거치지 않고도 강력한 농촌 공동체 전통에 기반을 두고 곧바로 탈자본주의 사회로 나아갈 수 있다는 것이었다. 정통 마르크스주의에서는 용납될 수 없는 주장이지만, 마르크스는 실제로 이렇게 말했다. 이는 단지 한 가지 예에 불과하다.

확실히 이 짧은 책 안에서도 마르크스와 엥겔스, 이 두 사람이 차지하는 비중은 예사롭지 않다. 그것은 한동안 그들의 이름을 내세운 이념이 '사회주의 세계'의 승자였기 때문이다. 마르크스주의의 등장과 함께 "장기 20세기"(조반니 아리기Giovanni Arrighi(1937 ~2009)의 표현)의 사회주의가 시작되었다. 그 여진 또한 대단해서 세기가 바뀐 지금도 세상 어느 곳에서는 그들의 초상화를 들고 군사 행진 비슷한 것을 벌이는 사람들이 있다. 하지만 '장기 20세기'도 저물어간 지금, 마르크스주의 체계가 더 이상 '사회주의'를 독점하지는 못한다. 이제는 오히려 역사적 마르크스주의의 주류 판본들을 뛰어넘는 사회주의'들'이 절실히 필요하다. 마르크스, 엥겔스의 저작들이 여전히 중요한 이유도 두 사람의 사상과 이러한 역사적 마르크스주의들 사이의 간극에 있다. 이 간극은, 초기 사회주의의 기억과 마찬가지로, 사회주의 이념-운동의 '실현되지 못한' 가능성들을 암시한다. 이러한 가능성들의 환기야말로 다음 장들에서 살펴볼 20세기 사회주의의 궤도에서 벗어나 그 여정을 비판적으로 바라보도록 촉구하고 격려해준다.

사회주의와 아나키즘

사회주의와 더불어 좌파 세계를 양분해온 또 다른 거대한 흐름이 있다. 아나키즘anar-
chism이다. 이것은 자본이든 국가든 일체의 지배를 철폐하겠다는 이념-운동이다. 흔
히 '무정부주의'라 번역되는데, '무치無治주의' 혹은 '자치自治주의'가 더 적절할 것이다.
본래 사회주의와 아나키즘은 서로 뿌리가 얽혀 있다. 근대 아나키즘의 비조로 평가받는
영국 사상가 윌리엄 고드윈William Godwin은 로버트 오언에게도 큰 영향을 끼쳤다.
대표적인 아나키즘 사상가인 피에르-조제프 프루동Pierre-Joseph Proudhon과 표트
르 크로포트킨Pyotr Kropotkin은 푸리에의 사상에서 많은 영감을 얻었다.
사회주의와 아나키즘이 결정적으로 갈라진 것은 1872년 제1인터내셔널의 분열을 통해
서였다. 물론 그 전에 이미 마르크스, 엥겔스와 프루동 사이의 심각한 이론적 대립이 있
었다. 그럼에도 마르크스, 엥겔스를 비롯한 다양한 사회주의자들은 1870년대 전까지
는 국제노동자협회라는 한 조직 안에서 프루동 사상의 추종자들과 공존했다. 요즘으로
말하면, 한 정당 안의 서로 다른 분파들이었던 셈이다. 그러나 국가의 즉각 파괴를 주장
하는 미하일 바쿠닌Mikhail Bakunin과 그의 일파가 마르크스, 엥겔스 그룹과 격렬하게
충돌하고 이 때문에 제1인터내셔널 자체가 해산하면서 분열은 돌이킬 수 없게 되어버렸
다. 이후 마르크스주의가 주류를 이루는 사회주의운동과 아나키즘운동은 반자본주의 진
영의 주도권을 놓고 서로 경쟁, 대립하는 숙명의 라이벌이 된다.
사실 국가에 대해서는 아나키스트들만큼이나 19세기의 많은 사회주의자들도 비판적
이었다. 마르크스, 엥겔스 역시 '국가'는 '사회'에 흡수돼 사멸해야 한다는 입장이었다.
그러나 아나키스트들이 국가를 즉각 타도 대상으로 보면서 일체의 기성 정치에 참여하
길 거부한 데 반해 마르크스, 엥겔스는 좀 더 복잡한 접근법을 보였다. 그들은 노동계
급이 사회의 해방을 주도하는 것은 오로지 적극적인 '정치' 활동을 통해서만 가능하다

고 역설했다.

《공산당 선언》에서 두 저자는 "프롤레타리아는 우선 정치적 지배권을 장악해 국민적 계급으로 올라서야 한다"고 촉구했다. 엥겔스는 〈노동자계급의 정치 활동에 관하여〉(1871)에서 이렇게 단언했다. "우리는 계급의 폐지를 원한다. 이를 달성할 수단은 무엇인가? 프롤레타리아의 정치적 지배다." 국가는 "프롤레타리아의 정치적 지배"에 의해 사회의 자기 통치가 구체적으로 실현되어감에 따라 점차 사멸하는 것이지 바쿠닌 일파의 주장처럼 지금 당장 철폐될 수 있는 게 아니었다. 또한 국가와 거리를 둬야 한다는 이유에서 정치를 피하려 한다면 그것은 결국 "노동자들을 부르주아 정치의 품 안으로 떠미는 것"일 뿐이었다. 그런 식의 '반反정치'는 '대안 정치'의 성장을 가로막는 장애물일 따름이었다. 마르크스, 엥겔스는 노동자 세력이 정치권력을 장악한 뒤 철저한 참여 자치 민주주의를 실시한 파리 코뮌의 경험이 자신들의 입장을 지지해준다고 믿었다.

오늘날에도 '정치'를 둘러싼 사회주의와 아나키즘의 입장 차이와 긴장, 대립은 여전히 존재한다. 논쟁은 현재 진행형이다. 하지만 과거와 같이 두 전통을 대립되는 것으로만 볼 일은 아니다. 둘 사이의 대화를 통해 얻을 수 있는 게 더 많다. 아나키즘 전통에는 사회주의 이념-운동이 배우고 받아들여야 할 성취들이 풍부히 존재한다. 가장 위대한 아나키즘 이론가인 크로포트킨의 사상이 그렇고, 지난 세기 초 독일혁명에서 활약한 독창적 사상가 구스타프 란다우어Gustav Landauer의 모색이 그렇다. 일본 사회주의운동의 첫 세대 중 고토쿠 슈스이幸德秋水나 오스기 사카에大杉榮 같은 뛰어난 인물들이 동아시아의 뿌리 깊은 국가주의에 대한 반발로 아나키스트로 전향한 것 역시 주목할 만한 대목이다. 또한 20세기의 인상 깊은 혁명들 중 하나였던 스페인 내전에서 노동자들의 혁명 정신을 가장 진지하게 대변한 것은 (이러저러한 마르크스주의자들이 아니라) 전국노동총연맹CNT의 아나코-생디칼리스트들이었다는 사실 역시 잊어선 안 될 것이다.

2장

20세기 사회주의, '우리'를 위한 유토피아를!

국가사회주의의 등장과 실패

20세기는 서구 근대 문명의 승리를 찬양하는 노랫소리와 함께 시
작됐다. 이 합창에는 노동자들의 목소리도 섞여 있었다. 제2인터
내셔널에 속한 사회주의 정당들은 참정권의 범위가 조금씩 확대
될수록 권력을 향해 한 발자국 더 나아가는 것처럼 보였다. 1912
년 독일 총선에서 사회민주당의 득표는 총 투표수의 3분의 1을
넘어섰다(34.8퍼센트). 2년 뒤에는 프랑스에서도 100여 명의 사
회주의자들이 의회에 진출했다. 다른 유럽 국가의 동지들도 이 성
공 대열에 합류하려고 선거권 쟁취 투쟁에 적극 나섰다.

   그러나 속내를 들여다보면 꼭 장밋빛만은 아니었다. 심각한 전
략적 교착 상태가 눈에 드러나기 시작했고, 분열과 논쟁이 잇따랐
다. 곳곳에서 정치 총파업까지 벌어졌음에도 보통선거권 쟁취는
여전히 요원했다. 가장 앞서서 전진하던 독일 사회민주당도 기대
이상의 성공 때문에 오히려 장벽에 부딪혔다. 당세는 극도로 팽
창했는데 아직도 제도 절차를 통해 집권할 길이 열려 있지 않았

던 것이다. 총리는 여전히 황제가 임명하고 있었다. 이런 교착 상태를 타개할 방안을 놓고 당내에서는 입장이 갈렸고 논쟁이 벌어졌다. 에두아르트 베른슈타인Eduard Bernstein(1850~1932), 카를 카우츠키Karl Kautsky(1854~1938), 로자 룩셈부르크Rosa Luxemburg(1871~1919) 같은 당대의 일급 이론가들이 논전에 뛰어들었다. 독일 바깥에서도 프랑스의 위대한 사회주의자 장 조레스Jean Jaurés(1859~1914) 같은 이들이 여기에 참여했다. 한데 결론이 나기도 전에 돌연 파국이 닥쳤다. 1914년, 제1차 세계대전이 일어난 것이다. 독일 사회민주당과 프랑스 사회당 모두 전쟁 반대 당론에도 불구하고 개전에 찬성표를 던졌다. 사회주의자들은 세상을 바꾸기도 전에 집단 살육에 동의했다는 오명부터 얻게 됐다. 자본주의뿐만 아니라 이를 바꾸겠다는 세력까지 대혼돈에 휩싸였다.

룩셈부르크

조레스

　바로 이때 러시아에서 혁명의 불꽃이 솟아올랐다. 1917년 2월, 민주주의 혁명이 일어나 차르 전제 체제가 무너지더니 불과 8개월 뒤인 10월에는 세계 최초로 사회주의혁명이 성공했다. 노동자 · 농민 · 병사 대표들로 이뤄진 소비에트('평의회'라는 뜻)가 권력을 장악한 것이다. 이를 주도한 정치 세력은 소비에트에서 활동하던 사회주의 정당들 중 하나인 사회민주노동당-다수파(러시아어로 '볼셰비키')였다. 처음에 볼셰비키는 러시아 한 나라에 사회주의 체제를 건설하는 것만을 생각하지 않았다. 그들이 바란 것은 세계혁명이었다. 러시아에서 일단 혁명의 봉화가 타오르면 이 불길

독일 사회민주당의 이론가로서 정통 마르크스주의를 대변했다. 사회민주당의 정치적 구심이 노동자 출신 지도자 아우구스트 베벨이었다면, 그를 뒷받침하는 이론적 구심이 카우츠키였다. 하지만 그의 마르크스주의 체계는 20세기 초의 격변 속에서 실천의 지침이 되지 못했다. 한편 카우츠키는 혁명 이후 러시아에 들어선 체제가 마르크스주의의 본래 취지와 맞지 않다는 것을 강조해서 레닌, 트로츠키와 격렬한 논쟁을 벌이기도 했다.

러시아혁명 기념 포스터. '만국의 노동자여 단결하라'

이 전쟁으로 고통받는 서유럽에 금세 옮겨 붙으리라 기대한 것이다. 특히 러시아의 교전국인 독일에 큰 기대를 걸었다. 그래서 집권하자마자 노동자의 생산 관리, 농지 분배, 제국주의 포기와 함께 일방적인 교전 중지를 선포했다.

그러나 독일에서는 1년 뒤에나 혁명이 발발했고 그 것도 황제를 몰아내고 의회에 권력을 넘기는 민주주의 혁명 수준에 그치고 말았다. 세계 사회주의 혁명은 일어나지 않았다. 적어도 볼셰비키가 바라던 방식으로는 일어나지 않았다. 실제로 나타난 것은 장기간에 걸친 혁명과 개혁의 연쇄였다. 10월혁명의 충격에 휩싸인 서유럽에서는 그간 지체되었던 민주 개혁이 봇물 터지듯 추진됐다. 이제 보통선거제가 서구 자본주의의 표준 정치 제도가 되었다. 역설적으로, 러시아의 '혁명' 덕분에 서유럽에서는 '개혁' 노선의 사회주의운동이 강력한 지반을 확보하게 되었다. 한편 10월혁명은 식민지 세계에서 반제국주의 혁명 운동이 급성장하는 결정적인 계기가 되었다. 이 투쟁은 한 세대 뒤 중국혁명과 인도의 독립으로 거대한 결실을 맺게 된다. 이런 점에서 10월혁명은 분명 전 지구적인 사건이었고 꼭 필요한 시기에 터져 나온 꼭 필요한 사건이었다.

하지만 러시아혁명은 처음부터 난항을 겪었다. 볼셰비키(이후 '소비에트연방(소련) 공산당'으로 이름을 바꾼다)는 러시아 한 나라에 고

레닌 사후 소련의 노선 투쟁

내전 이후 소련은 주요 공업은 국가 관리 아래 두되 농촌을 중심으로 자유 시장과 민간 자본 축적을 광범위하게 허용하는 '신경제정책NEP'을 추진했다. 레닌 자신은 이를 농민층과 타협하면서 혁명 체제를 유지하기 위한 과도기로 규정하고 '국가자본주의'라 이름 붙였다. 레닌 사후 트로츠키 등 좌파는 국가 주도의 급속한 공업 발전을 주창한 반면 부하린 등 우파는 과도기를 지속하면서 레닌의 협동조합 구상을 발전시키길 바랐다. 결국 최후의 승자가 된 스탈린 일파는 당내 좌파의 공업 발전론을 받아들이면서, 농민에 대한 야만적이고 폭력적인 수탈을 통해 공업 투자를 위한 자본을 확보했다.

립된 상태에서 새로운 사회를 만들어갈 준비가 전혀 돼 있지 않았다. 설상가상으로 1918년 봄에 내전이 발발했다. 이후 3년 동안 새 정권은 오직 반란 세력들을 진압하는 데 모든 역량을 집중해야 했다. 내전에서는 결국 승리했지만, 이 과정에서 좌충우돌을 거듭했다. 급박한 상황에 맞닥뜨려 힘든 선택에 내몰릴 때마다 그들은 스스로도 예상 못했던 결정들을 내려야 했다. 결국 이런 조치들이 누적돼 새 사회의 지침 노릇을 했다. 매번 결정의 주요 준거는 '반혁명'의 위협에 맞서 혁명 정부를 강화한다는 것이었다.

1924년 당의 구심이었던 블라디미르 일리치 레닌Vladimir Ilich Lenin (1870~1924)이 죽자 레온 트로츠키Leon Trotsky(1879~1940), 니콜라이 부하린Nicolai Bukharin(1888~1938) 등 차세대 지도자들 사이에서 격렬한 노선 투쟁과 권력 투쟁이 벌어졌다. 여기에서 당 관료층을 대표하는 요시프 스탈린Iosif Stalin(1879~1953)과 추종자들이 최후의 승리를 거두었다. 권력을 움켜쥔 스탈린 세력은 이제까지 누적된 조치들의 연장선에서 러시아 한 나라에 사회주의를 건설한다는 초유의 실험에 착수했다. 그 결과로 전에 없던 체제가 등장했다. 이 체제에서 기업은 모두 국가 소유였고 경제 활동

대중 앞에서 연설하는 레닌

러시아혁명은 처음부터 난항을 겪었다. 새 정권은 좌충우돌을 거듭했다. 매번 결정의 주요 준거는 '반혁명'의 위협에 맞서 혁명 정부를 강화한다는 것이었다. 그 결과로 전에 없던 체제가 등장했다. 즉 프롤레타리아 독재를 수행하는 '국가'가 '사회'를 전적으로 대표했다. '국가=사회'주의였다.

트로츠키

스탈린

은 국가가 수립한 계획에 따라 실행되었다. 그리고 국가는 노동계급을 대표한다고 자처하는 한 정당, 즉 공산당이 지배했다. 즉 프롤레타리아 독재를 수행하는 '국가'가 '사회'를 전적으로 대표했다. '국가=사회'주의였다. 마침 자본주의가 대공황의 수렁에 빠진 상황에서 이 체제만은 홀로 눈부신 경제성장을 달성했다. 소련 공산당뿐만 아니라 소련 밖의 많은 이들이 이 사실을 목도하며 마침내 사회주의가 이 땅 위에 제 모습을 드러냈다고 봤다. 소련 공산당을 좇아 이제 '공산주의자'라 자칭하게 된 세계 곳곳의 혁명적 사회주의자들은 이 체제를 교과서로 삼아 떠받들었다. 덕분에 20세기 대부분의 기간에 '사회주의'라고 하면 무엇보다 1930년 소련에 등장한 체제를 뜻하게 되었다.

사실 더 정확한 이름은 '국가사회주의'다. 이 체제는 어떤 청사진의 실현이라고 보기는 힘들다. 청사진이 있었다면 아마도 레닌이 1917년 혁명 와중에 쓴 《국가와 혁명The State and Revolution》 정도겠지만 이 책만큼 소련식 국가사회주의와 상반되는 저작도 없다. 여기서 레닌은 사회주의혁명의 발단은 국가권력 쟁취이되 국가가 새로운 사회 건설의 주체일 수는 없다는 마르크스, 엥겔스의 복잡한 관점을 재확인했다. 일당 체제와 관료 독재를 옹호하는 구절은 어디에도 없다. 하지만 실제 역사에서 실현된 것은 애초 청사진에는 없던 이런 것들이었다. 레닌과 그의 동지들이 혁명 이후 집권자로서 취한 여러 선택의 결과였다.

어떻게 해서 일당 독재가 등장했는가

처음부터 일당 독재는 아니었다. 소비에트에는 볼셰비키뿐만 아니라 다른 사회주의 정당들도 활동하고 있었다. 사회민주노동당-소수파(흔히 '멘셰비키'라 불리는)가 있었고 사회주의혁명당도 있었다. 10월혁명 후 구성된 인민위원최고회의(내각)는 연립정부였다. 인민위원 15인 중 8인은 볼셰비키였지만, 나머지 7인은 사회주의혁명당 좌파였다. 말하자면 사회주의의 틀 안에서 다당제, 즉 일정한 다원주의가 작동했다. 하지만 이런 분위기는 몇 달 지나지 않아 위축되기 시작했다.

첫 번째 발단은 1918년 1월의 제헌의회 해산이었다. 제헌의회를 하루빨리 소집해서 새 헌법을 제정한다는 것은 볼셰비키를 비롯한 모든 사회주의 정당들의 공약이었다. 한데 도시 선거구에서는 볼셰비키 후보들이 승리를 거뒀지만 농촌 선거구는 사정이 달랐다. 이전부터 농민층에 확고한 지지 기반을 갖고 있던 사회주의혁명당 우파가 압승을 거뒀다. 이 당이 제헌의회의 과반수를 차지했다. 그러자 혁명 정부는 제헌의회를 해산하고 소비에트가 유일한 대의기구라고 선포했다. 10월혁명의 대의에 적극 공감하던 독일의 혁명적 사회주의자 룩셈부르크는 이 사태에서 짙은 먹구름을 감지했다. 그녀는 제헌의회 구성이 민심의 변화를 제대로 반영하지 못한다면 해산 조치를 취할 수도 있다고 보았다. 이는 의원

내각제 정체에서 충분히 있을 수 있는 일이었다. 하지만 그럴 경우 "지체 없이 새로운 제헌의회를 구성하기 위한 선거를 실시해야 했"는데, 볼셰비키는 그렇게 하지 않았다. 혁명 정부는 번거로운 다원주의 정치보다는 일사불란한 통치 쪽을 선택했다. 정부를 비판하는 이들이 합법적 경로를 통해 정치적 힘을 얻을 가능성을 차단해버린 것이다. 룩셈부르크는 이 선택을 날카롭게 비판했다.

　확실히 모든 민주적 제도도 모든 다른 제도와 공통되는 나름대로의 한계와 결점과 문제가 있다. 그러나 트로츠키와 레닌이 발견한 바와 같은 민주주의를 완전히 제거하는 식의 처방은 치료될 수 있는 질병 그 자체보다 더욱 나쁜 것이다. 왜냐하면 그러한 처방은 모든 사회제도의 선천적 결점을 유일하게 치료할 수 있는 바로 그 살아 있는 원천을 차단시키기 때문이다. 살아 있는 원천이란 인민 대중의 활동적이며 자유롭고 활력에 찬 정치 활동이다.

물론 소비에트가 있었다. 새 대의기구인 소비에트를 통해 사회주의적 다당제가 계속 작동한다면 이야기는 달라질 수 있었다. 하지만 내전이라는 복병이 있었다. 볼셰비키는 전시 상황을 구실로 소비에트 내의 야당 활동을 금지하기 시작했다. 여기에는 볼셰비키뿐만 아니라 다른 사회주의 정당들의 정치적 미숙성도 한몫했다. 반군 중에는 우파 잔당뿐만 아니라 멘셰비키와 사회주의혁명 공산당은 자신들이 노동계급의 대표자이므로 이는 '프롤레타리아 독재'의 실현이라고 주장했다. 하지만 누가 봐도 이것은 국가기구와 일체화한 공산당 엘리트들의 독재였다. 혁명의 결과, 자본주의국가보다 더 폭압적이고 경직된 국가가 출현했다.

당 우파도 있었다. 볼셰비키는 이를 구실로 1918년 6월부터 이 두 당을 소비에트의 주요 활동에서 배제해버렸다. 게다가 한 달 뒤에는 볼셰비키의 연립정부 파트너였던 사회주의혁명당 좌파까지 쿠데타를 시도했다. 볼셰비키가 독일의 굴욕적인 강화조약 요구를 받아들인 것이 반란의 명분이었다. 이로 인해 사회주의혁명당 좌파까지도 정당 활동이 금지되었고, 결국 소비에트에는 볼셰비키-공산당만이 남았다. 그럼에도 불구하고 1920년까지는 멘셰비키나 사회주의혁명당이 소비에트에 진출할 가능성이 형식적으로나마 열려 있었다. 야당 활동 금지는 어디까지나 임시 조치의 성격을 띠었다.

하지만 내전 기간에 일당 통치에 익숙해져버린 공산당은 이 임시 조치를 결국 체제의 규범으로 만들어버렸다. 내전이 끝나고도 소비에트 선거에는 공산당이 지명한 후보만 등록하는 것이 관행이 되었다. 소비에트는 이제 공산당 일색이었다. 소비에트 회의를 따로 할 필요가 없었다. 공산당이 결정하면 자동으로 관철됐으니까 말이다. 그래서 처음에는 공산당 당대회가 가장 중요한 의사결정기구가 됐지만, 이마저도 스탈린 일파가 당권을 장악한 뒤부터는 유명무실해졌다. 공산당의 최고 집행기구가 결정하면 곧바로 당론이자 국가 법령이 되었다. 공산당은 자신들이 노동계급의 대표자이므로 이는 '프롤레타리아 독재'의 실현이라고 주장했다. 하지만 누가 봐도 이것은 국가기구와 일체화한 공산당 엘리트들의 독재였다. 《국가와 혁명》은 '국가의 사멸'을 이야기했지만, 혁명의 결과 정반대로, 자본주의국가보다 더 폭압적이고 경직된 국가가 출현했다. 룩셈부르크는 이미 1918년에 이러한 결과를 소름 끼칠 정도로 정확하게 예언했다.

일반적 대중 선거로 창출된 대의기구 대신에 레닌과 트로츠키는 노동하는 대중의 유일한 대의체로서 소비에트를 내세웠다. 그러나 전반적인 국내의 정치활동을 억압함에 따라, 소비에트 내의 생활은 점점 더 기형화될 것이 분명하다. 보통선거, 언론 결사의 자유, 여론을 끌어들이기 위한 자유로운 투쟁이 보장되지 않는 상태에서는 모든 공공기관 내의 생활은 파괴되고, 단지 관료제만이 판을 치는 껍데기뿐인 정치활동만이 유지된다. 공공 생활은 동면에 들어가고, 지칠 줄 모르는 정력과 무한한 경험을 지닌 소수 당 지도자들만이 명령하고 지배하게 될 것이다. (……) 노동계급 엘리트들은 가끔씩 회의에 초대되어 당 지도자의 연설에 박수를 치고, 이미 결론 내려진 제안을 이의 없이 만장일치로 통과시키는 들러리가 될 뿐이다. (……) 확실히 이러한 독재는 프롤레타리아의 독재가 아니라 한 줌밖에 안 되는 정치가들의 독재일 뿐이며, 부르주아적 의미 또는 자코뱅적 의미에서 독재일 뿐이다.

노동자 관리에서 국가사회주의로

생산 현장에서도 비슷한 양상이 나타났다. 혁명 초기의 다른 대안들을 짓밟고 국가기구가 최후의 승자로 부상했다. 2월혁명 이후 각 공장에서는 공장위원회가 조직되었다. 한 달도 안 돼 전체 노동자의 75퍼센트가 공장위원회에 가입했다. 직업별 · 산업별 노동조합이 각 산업 부문에서 노동자의 이해를 대변하는 조직이었다면, 공장위원회는 작업장 단위의 노동자 자치 기구였다. 공장위원회는 노동자의 생산 관리를 요구했다. 이제 자본가가 아니라 노동자가 직접 기업을 운영하겠다는 것이었다. 생산자 협동조합을 대안으로 여겼던 사회주의운동의 오랜 전통이 '노동자 관리 worker's control'라는 새로운 구호로 표출된 것이다. 초기에 혁명 정부는 이에 적극 호응했다. 이때 레닌의 구상은 "중소기업의 경우는 노동자들이 직접 경영하고" "대기업의 경우는 선출된 대표가 경영"한다는 것이었다. 그래서 한동안은 공장위원회의 자주 경영이 실시됐다. 1918년 초에 모스크바에서는 총 288개의 공장 중 222곳에서 공장위원회가 경영을 책임졌다.

그러나 자주 경영이 시작된 지 몇 달도 안 돼 새 정부의 방침이 바뀌기 시작했다. 노동자가 직접 경영하는 기업들의 생산 효율성이 떨어진다고 판단한 것이다. 레닌은 전문 경영인에게 기업 경영을 일임하는 '1인 관리제'를 도입하는 쪽으로 입장을 바꿨다. 이런 외중에 내전이 닥쳤다. 내전은 생산 현장에서도 중대한 전환점이 되었다. 1918년 6월에 전시 통제 경제를 구축하기 위해 전면 국유화가 단행됐다. 국유화된 작업장에서는 노동자 자주 경영이 폐지되고 대신 전문 경영인과 노동자 대표가 공동으로 경영을 책임지는 '집단 관리제'가 등장했다. 내전이 끝난 1921년부터는 아예 '1인 관리제'가 들어섰다. 공장위원회는 이름만 남아 노동조합의 하위 기구 비슷하게 되어버렸고, 노동조합 역시 당-국가에 종속되어갔다. '노동자 관리'의 이상은 실험도 제대로 못 해보고 중단되었다. 자본가 대신 당-국가가 임명한 관료가 생산 현장을 통제하는 체제가 들어섰다.

당연히 저항이 일어났다. 소비에트 내에 공산당과 다른 목소리를 낼 정치 세력이 없는 상황에서 공산당 내의 분파가 저항의 목소리를 대변하고 나섰다. 초대 노동인민위원이었던 A. G. 슐리야

콜론타이

프니코프Alexander Gavrilovich Shliapnikov 그리고 고참 당원인 저명한 여성 혁명가 알렉산드라 콜론타이Alexandra Kollontai(1872~1952) 등을 중심으로 '노동자 반대파'가 조직됐다. 그들은 한마디로 '노동자 관리'의 부활을 요구했다. 이미 유명무실해진 공장위원회가 아니라 노동조합 쪽으로 강조점이 이동하기는 했다. 노동자 반대파는 노동조합이 기업 경영권을 가져야 한다고 주장했다. 그리고 노동조합들이 '전 러시아 생산자 대표 의회'

를 결성해서 주요 경제 활동을 결정할 것을 제안했다. 어쨌든 핵심은 자본의 역할을 국가기구가 아니라 노동자들의 자치 조직이 대체해야 한다는 점이었다. 슐리야프니코프는 당시 소련에 등장한 생산 체제를 다음과 같이 격렬히 비판했다.

> 당은 원래의 강령에서 벗어났다. 당은 예전에는 대중이 원하는 바를 지도하고 반성하였으나 이제는 대중을 불신하고 있으며, 복종과 권위, 차별의식을 강조하는 자본주의적 의식에 젖어 있는 프티부르주아 출신의 기술자들을 기용함으로써 경영과 조직 면에서 노동자들의 참여를 차단시키고 있다. 이는 마르크스주의적 실천이 아니다. 왜냐하면 노동 대중의 참여와 경영에 대한 노동자들의 결정권 없이는 결코 새로운 사회주의적인 노동 조직이나 생산 방식을 가지지 못할 것이기 때문이다.

저항은 분쇄됐다. 1921년 3월에 열린 공산당 제10차 당대회는 노동자 반대파의 주장을 당론에 어긋난다고 규정하고 단죄했다. 그리고 노동자 반대파 같은 당내 분파를 결성하는 행위 자체를 금지한다고 으름장을 놓았다. 이런 결정은 나중에 스탈린 일파가 당을 장악하는 데 더없이 좋은 디딤돌이 되었다. 레닌은 죽음이 가까워져서야 당-국가에 권력이 지나치게 집중돼 있다는 사실에 두려움을 느꼈다. 그는 혁명의 경로를 선회할 방안을 찾으

1920년대 말 소련인들에게 사회주의는 '우리의 유토피아'를 만드는 일이었다. 강조점은 '유토피아'가 아니라 '우리' 쪽에 있었다. '유토피아' 자체는 자본주의가 제시한 근대 서구 문명의 꿈, 즉 과학기술에 기초한 경제적 풍요의 세계와 다르지 않았다. 다만 '우리'도 이 꿈에 동참하려는 것이었다.

려 했다. 그가 타진한 방향은 협동조합의 길이었다. 그는 "생산수단이 사회적으로 소유되어 있고 프롤레타리아가 부르주아에 대해서 계급적 승리를 거둔 상태에서는 문명화된 협동조합원들의 체계가 곧 사회주의 체계"라는 새로운 주장을 들고 나왔다. 따라서 "실제로 우리에게 남아 있는 유일한 과제는 주민을 협동조합 결사체로 조직하는 것뿐"이라는 것이었다(〈협동조합에 관하여 On Cooperation〉). 말년의 레닌은 당-국가 대신 '사회'를 대표할 새로운 조직적 실체의 등장을 간절히 바랐던 것이다. 하지만 돌이키기에는 너무 늦었다.

이미 10년 가까이 진화해온 체제는 기존 경로의 연장선에서 길을 찾았다. 스탈린 일파가 이끈 관료층은 이 선택을 가장 솔직히 대변했을 뿐이다. 그들은 사회주의의 표준형으로 받아들인 마르크스주의 체계에서 자신들에게 절실히 필요한 지침을 뽑아냈다. 사회주의는 극도로 발전한 자본주의의 성과들을 계승한 사회라는 명제가 부각됐다. 사회주의는 노동계급도, 러시아 같은 후진국도 자본주의의 결실을 제 것으로 향유하도록 하려는 파우스트Faust적 고투다. 그 결실이란 무엇보다도 생산력 발전이다. 즉 1920년대 말 소련인들에게 사회주의는 '우리의 유토피아'를 만드는 일이었다. 강조점은 '유토피아'가 아니라 '우리' 쪽에 있었다. '유토피아' 자체는 자본주의가 제시한 근대 서구 문명의 꿈, 즉 과학기술에 기초한 경제적 풍요의 세계와 다르지 않았다. 다만 '우리'도 이 꿈에 동참하려는 것이었다. 그러자면 서구 자본주의가 걸어간 길을 그대로 좇을 수는 없었다. 그들과는 다른 길을 걸어야만 '우리'도 자본주의의 결실을 우리 것으로 만들 수 있다고 생각했다. '자본주의와는 다른 방식으로' '자본주의의 궁극적 성취에 이르러야' 했다. 어쩌면 자본주의보다 더 빨리 말이다. 이것이 1927년 제1차 5개년 계획에 착수하면서 소련인들이 열망한 사회주의였다.

당-국가는 경제의 양적 성장을 가장 중요한 목표로 삼아 경제 계획을 수립했다. 농민에게 집단화를 강요해서 농촌의 자원을 쉽게 징발할 수 있는 구조를 만들고 이들 자원을 공업 발전에 집중 투입했다. 어떤 생산 품목을 얼마나 생산할지는 성장 목표에 따라 당-국가가 결정할 일이었다. 대중의 실제 수요는 고려 요소가 아니었다. 소비자는 국가가 결정한 공급량에 오히려 자신의 생활을 맞춰야 했다. 그들은 만성적인 생필품 부족에 익숙해져야 했다. 한편 노동자는 생산 목표를 달성하기 위해 노력 경쟁을 벌여야 했다. 실업이 사라지고 복지가 늘기는 했지만, 생산 현장만은 자본가 독재 시절과 무엇이 달라졌는지 알기 힘들었다. 노동조합은 이 경쟁에 노동자들을 동원하는 기구가 되어버렸고, 이제는 기업 경영에 노동자 대표가 참여하지도 못했다. 이미 혁명 후 10여 년 동안 국가기구에 수동적으로 따르는 사회가 형성되었기 때문에 사회 전체가 철저히 국가기구의 명령으로 움직이는 체제가 별

어려움 없이 들어서게 되었다. 게다가 이 체제는 당시 대공황으로 경제가 오히려 위축되던 서방 자본주의와는 달리 놀라운 속도로 성장을 달성했다. 많은 이들이 마침내 등장한 사회주의 계획경제를 찬양하고 나섰다. 실제로는 '계획'경제보다는 '명령'경제라는 명칭이 더 어울렸지만 말이다.

아무튼 이 체제가 이후 수십 년 동안 세계 곳곳에서 사회주의의 표준 모델 역할을 하게 된다. 중국도, 동유럽도, 베트남과 쿠바도 그리고 북한도 이 모델에서 출발했다. 사회주의를 공격하는 이들도, 지지하는 이들 중 다수도 '일당 통치 + 전면 국유화 + 중앙집권형 계획'이 곧 '사회주의'라는 20세기의 상식 주위에서 맴돌았다. 소련인들이 걸어간 길을 따라 '우리의' 유토피아를 쟁취하겠다는 열망이 한때 수십억 인구를 사로잡았다. 여러 갈래의 트로츠키주의자들처럼 혁명적 사회주의를 주창하면서 소련 사회를 비판하는 흐름이 없지는 않았지만, 결코 주류로 부상하지는 못했다.

그러나 성공은 오래가지 못했다. 소련식 명령경제는 오직 처음에만 괄목할 만한 양적 성장을 보이다가 곧 정체 상태에 빠지곤 했다. 이는 노동력, 자원 그리고 자본을 대거 동원해 투입량을 늘려서 총산출량을 확대하는 외연적 성장 방식이었다. 이러한 방식의 성공담은 결코 장기 지속될 수가 없었다. 냉전 시기에 소련식 명령경제는 점차 한계를 드러냈다. 니키타 흐루쇼프Nikita Khrush-chov(1894~1971) 집권기에 이미 이에 대한 개혁 필요성이 대두했지

흐루쇼프

소련식 명령경제는 오직 처음에만 괄목할 만한 양적 성장을 보이다가 곧 정체 상태에 빠지곤 했다. 이제 자본주의와는 다른 방식으로 자본주의의 성취를 달성하려 하느니 그냥 자본주의의 길을 걷는 쪽이 나아 보였다. 결국 소련, 동유럽의 인민들 스스로 이런 '사회주의'를 포기해버렸다.

만, 흐루쇼프의 어설픈 개혁 시도를 저지하고 등장한 레오니드 브레즈네프Leonid Brezhnev(1906~1982) 체제는 무능과 태만으로 20여 년을 낭비해버렸다. 현실사회주의 체제는 민주적이지도 않았을 뿐더러 자본주의와의 성장 경쟁에서도 뒤처져버렸다. 이제 인민들의 눈에는 자본주의와는 다른 방식으로 자본주의의 성취를 달성하려 하느니 그냥 자본주의의 길을 걷는 쪽이 나아 보였다. 결국 소련, 동유럽의 인민들 스스로 이런 '사회주의'를 포기해버렸다. 지난 세기말, 이 '사회주의'는 대안의 가치와 의의를 잃고 말았다. 더불어 사회주의 이념-운동 전체의 위신도 추락했다.

그래서 지금 우리에게는 '20세기 사회주의'보다는 오히려 그것이 등장하는 과정에서 억압된 '다른' 선택지들을 환기하는 것이 더 중요하다. 이 '다른' 선택지들은 '다른' 사회주의의 가능성을 뒷받침하는 과거의 물증이다. 이번에는 정말 '달리' 출발하고 선택하며 발전해나가야 한다는 역사의 생생한 경고다.

2

비서구 세계의 사회주의

앞 장에서 살펴본 것처럼, 10월혁명은 진정한 전 지구적 사건이었다. 특히 식민지, 반半식민지 상태에 있던 비서구 세계에서 그랬다. 혁명 정부의 첫 포고령 중에는 그간 러시아 제국의 억압을 받던 모든 민족에게 즉각 자결권을 보장한다는 내용도 있었다. 이 선언은 이제 막 깊은 잠에서 깨어나던 아시아, 아메리카, 아프리카 민중에게는 기상을 재촉하는 나팔 소리였다. 그들은 발전한 자본주의사회의 노동계급 혁명과 식민지, 반식민지 세계의 민족해방 혁명이 결합해 제국주의 질서를 뒤엎는다는 코민테른('공산주의 인터내셔널'의 준말. 공산당들의 국제 조직)의 세계혁명 전망에 전율했다. 드디어 제국주의에 맞서 승리를 쟁취할 가능성이 눈에 보이는 듯했다.

비서구 세계의 가장 열렬한 민족 투사들이 공산주의 운동에 합류했다. 5·4운동을 이끈 중국의 젊은 지식인 천두슈陳獨秀(1879~1942)와 리다자오李大釗(1888~1927)가 그랬고, 베르사유 강화 회담에 러시아혁명 이후 비서구 세계가 합류하면서 사회주의운동은 명실상부한 전 인류의 운동이 되었다. 그 전까지만 해도 사회주의는 유럽 문명에 편중된 이념-운동이었다. 사회주의가 아시아, 아프리카로 확산된 것은 확실히 러시아혁명 이후였다.

서 문전박대 당한 뒤 모스크바를 찾아가서 열렬한 환대를 받은 베트남 청년 응웬아이쿡阮愛國〔훗날의 호치민胡志明(1890~1969)〕이 그랬다. 러시아와 국경을 맞댄 한 나라, 불과 10여 년 전 식민지가 된 나라, 조선의 혁명가들도 예외가 아니었다. 이들은 모두 자신의 조국에서 공산당을 창당했다. 1921년 중국 공산당이 창당됐고, 4년 뒤에 조선에도 공산당이 등장했다. 이들 나라에서는 최초의 사회주의 정당이었다.

바로 이 점이 중요하다. 이때 비로소 사회주의운동은 명실상부한 전 인류의 운동이 되었다. 그 전까지만 해도 사회주의는 유럽 문명에 편중된 이념-운동이었다. 제2인터내셔널 회원은 대부분 유럽 국가의 좌파 정당들이었다. 다른 대륙 중에는 주로 아메리카나 오스트레일리아 등 유럽 사회가 이식된 지역에서만 유럽과 비슷한 운동이 전개됐다. 동아시아에서는 일본이 가장 앞섰지만, 이 나라에서도 소수 지식인 서클을 넘어서는 대중운동은 1차대전 이후에야 등장하게 된다. 사회주의가 아시아, 아프리카로 확산된 것은 확실히 러시아혁명 이후였다. 이들 지역에서 사회주의는 곧 공산주의, 그러니까 코민테른의 혁명적 사회주의('마르크스-레닌주의'라고도 불렸다)였다.

제국주의 세계 질서는 비유럽 세계의 민중들에게 열등감을 강요했다. 서구 기독교와 진화론은 백인의 우월성을 선전하는 데는 한편이었다. 이에 반해 공산주의는 자본주의, 제국주의에 맞서는 혁명의 대의에 함께하면 모두가 동지라고 설파했다. 제국주의 본국의 노동 대중과 식민지의 피억압 대중이 모두 인간 해방을 위해 싸우는 동등한 주역이라는 것이다. 이는 불교, 기독교, 이슬람 같은 세계 종교의 등장 이후 처음 보는 강력한 보편적 해방 이념-운동이었다. 그래서 리다자오는 주저 없이 중국이 "오늘날 세계경제상 세계 프롤레타리아의 위치에 있다"고 규정했다. 이것은 단순한 유비가 아니었다. 중국의 해방을 협소한 민족주의를 넘어 세계 프롤레타리아 해방, 즉 보편적 인간 해방과 연관 지어 바라보는 새로운 시각의 등장이었다.

비서구 세계의 합류로 드디어 보편적 인간 해방 운동이 된 사회주의

사실 코민테른은 첫 실마리만 제공했을 뿐이다. 비서구 세계의 민족해방 혁명이 반제국주의 세계혁명의 중요한 고리라고 선포하기는 했지만, 실현 경로는 여전히 아리송했다. 이는 모스크바의 코민테른 '본부'가 지휘할 수 있는 과업이 아니었다. 그들의 지령은 대개 '현지' 사정과 괴리되었고, 이런 방식으로는 세계 변혁은 불가능했다. '현지'에 뿌리내린 운동이 필요했다. 각지의 민족사회에 '토착화'한 운동이 일어나야 했다. 그래야 민족해방 혁명이 성공할 수 있었다. 그리고 이러한 나름의 길들이 서로 만날 때에만 '보편적 해방'은 진정으로 '보편적'일 수 있었다.

비서구권 사회의 다수를 차지하던 농민이 드디어 사회주의운동의 주요 구성원으로 등장했다. 이와 함께 세계 사회주의운동의 면모 자체가 완전히 새로워졌다. 다양하게 평가할 수 있겠지만, 비유럽 세계의 기여에 의해 '보편적' 인간 해방 운동이라는 성격이 더 강해졌다는 것만은 분명하다.

비서구권 사회주의운동의 첫 세대는 재빨리 이러한 각성에 이르렀다. 페루 공산당의 호세 카를로스 마리아테기José Carlos Mariátegui (1895~1930)는 고대 잉카 문명으로부터 아메리카 원주민으로 이어지는 공동체 생활에서 '잉카 코뮌주의'라 할 만한 전통을 재발견했다. 만년의 마르크스가 러시아 농촌 공동체가 탈자본주의의 출발점이 될 수 있다고 논했던 바를 연상시키는 입장이다. 이에 따라 마리아테기는 원주민 농민들이야말로 페루혁명의 주역이라고 주장하기에 이르렀다.

마리아테기

마리아테기와 비슷한 시기에 중국 후난성에서 공산당 조직 활동을 벌이던 청년 마오쩌둥毛澤東(1893~1976)도 비슷한 결론에 도달했다. 이제까지 정통 마르크스주의 체계에서 농민은 노동계급 혁명의 조연 정도에 불과했다. 이는 코민테른의 마르크스-레닌주의에서도 마찬가지였다. 반면 마오쩌둥은 수억의 중국 농민들에게서 중국혁명의 주인공을 보았다. 이렇게 해서 비서구권 사회의 다수를 차지하던 농민이 드디어 사회주의운동의 주요 구성원으로 등장했다. 이와 함께 세계 사회주의운동의 면모 자체가 완전히 새로워졌다. 다양하게 평가할 수 있겠지만, 비유럽 세계의 기여에 의해 '보편적' 인간 해방 운동이라는 성격이 더 강해졌다는 것만은 분명하다.

마오쩌둥

실제로 농민이 주축이 된 홍군에 의해 1949년 중국혁명이 성공했다. 러시아혁명이 중국혁명의 발단이 되기는 했지만, 중국혁명

베트남 민족해방 혁명

베트남이 프랑스, 미국에 맞서 30여 년간 벌인 민족해방 전쟁은 1930년대 스페인 내전과 함께 20세기 인류 양심을 시험한 사건이었다. 1968년 구정(테트) 공세와 함께 전 세계 여론은 베트남 쪽으로 기울었다. "제2, 제3, 더 많은 베트남을!"이라는 구호 아래 제국주의에 맞선 투쟁이 제3세계 곳곳으로 확산됐고, 프랑스, 이탈리아 등지에서는 학생, 노동자 봉기가 일어났다. 이것이 1968년의 세계 혁명 운동이다. 1975년 민족해방 혁명은 승리를 쟁취했다. 하지만 그 후 사회주의 국가들인 베트남과 캄보디아, 중국 사이에 전쟁이 벌어져 제3세계 혁명운동에 대한 실망과 환멸을 불러일으켰다.

네루

이야말로 진정 20세기 최대의 혁명이었다. 이제까지 세계사 전체를 통틀어도 마찬가지다. 이 사건은 유럽 자본주의 등장 이후 계속 수세에 몰려 있던 나머지 세계가 전열을 정비하고 지구 질서 재편을 위해 도약하는 일대 계기가 됐다. 중국혁명의 승리와 함께 인도도 영국으로부터 독립했다. 인도의 독립 역시 사회주의와 무관하지 않았다. 독립 후 인도를 이끈 자와할랄 네루Jawaharlal Nehru(1889~1964) 총리는 영국의 페이비언 사회주의로부터 커다란 영향을 받았다. 네루식 점진적 사회주의에 만족하지 못한 이들은 인도 공산당에 기대를 걸었다.

이러한 중국과 인도의 재기는 나머지 식민지 세계의 각성을 촉발했다. 아시아, 아프리카 여러 민족이 이후 30여 년에 걸쳐 독립을 쟁취했고, 어디에서나 '사회주의'를 내건 좌파 세력이 이러한 투쟁을 주도했다. 특히 미국과 정면으로 대결한 베트남 민족해방 혁명은 1960년대 전 세계 변혁 운동의 횃불 역할을 했다. 아프리카에서는 가나의 초대 대통령 콰메 은크루마Kwame Nkrumah, 탄자니아의 줄리어스 니에레레Julius Nyerere 대통령, 기니의 독립 투사 아밀카르 카브랄Amilcar Cabral 등이 신생 독립국들의 이념으로 '아프리카 사회주의'를 내세웠다.

형식적으로는 독립국가였지만 경제적으로는 서방 제국주의에 종속되어 있던 나라들에서도 모종의 사회주의를 통해 자립하려는 움직임이 일었다. 이집트의 가말 나세르Gamal Nasser(1918~1970) 대

통령과 시리아, 이라크의 아랍사회주의
바트당은 '아랍 사회주의'를 내걸고 중동
에 대한 서방의 오랜 지배에 맞섰다. 미국
의 후원을 받는 군사정부 아래서 신음하
던 쿠바에서는 1959년 피델 카스트로Fidel
Castro와 체 게바라Che Guevara(1928~1967)의
농민 혁명군이 민족주의-민주주의 혁명
을 일으켰다. 이 혁명은 멕시코혁명 같은
라틴아메리카 대륙의 이전 혁명과는 달

카스트로와 게바라

리 미국의 제국주의적 개입과 대치하는 과정에서 곧바로 사회주
의혁명으로 발전했다. 이후 중남미 여러 나라에서는 쿠바혁명으
로부터 영감을 받은 젊은이들에 의해 사회주의운동이 활발히 벌
어졌다.

또 하나, 백인 인종주의에 맞선 아프리카인 혹은 아프리카 이
주민들의 투쟁 또한 사회주의 이념-운동에서 힘을 얻었다는 사
실을 잊어서는 안 된다. 남아프리카공화국의 아파르트헤이트
(인종 분리) 체제에 대한 기나긴 저항에 이념적 무기를 제공한 것
은 남아공 공산당이었다. 미국 흑인 시민권 운동의 중심에도 필
립 랜돌프Philip Randolph 같은 사회주의자들이 있었다. 게다가 마틴
루서 킹Martin Luther King(1929~1968) 목사 역시 스웨덴식 사회민주주
의에서 모범을 찾곤 했다. 아메리카 흑인 문화의 르네상스를 이끈

정치적 해방을 달성한 대다수 신생국들은 소련 모델을 이상으로 삼았다. '일당 통치, 전면 국유화, 중앙집권형 계획' 체제를 받아들인 것이다. 소련 모델은 '저들의' 유토피아이기만 했던 것을 '우리의' 유토피아로 만들 수 있다는 증거로 다가왔으며, 저발전 국가 민중들에게 이만큼 절실한 복음은 없었다.

마틴 루서 킹

W. E. B. 듀보이스William Edward Burghardt Du Bois와 C. L. R. 제임스Cyril Lionel Robert James는 모두 뛰어난 마르크스주의자들이었다.

정치적 해방을 달성한 대다수 신생국들은 소련 모델을 이상으로 삼았다. 즉 '일당 통치, 전면 국유화, 중앙집권형 계획' 체제를 받아들인 것이다. 그들에게는 이것이 사회주의의 표준형이었다. 단순히 지식인들의 이데올로기 숭배만은 아니었던 것이다. 소련 모델은 자본주의가 아닌 다른 방식으로 서방 자본주의의 성취를 달성할 수 있다고 약속했다. 오랫동안 '저들의' 유토피아이기만 했던 것을 '우리의' 유토피아로 만들 수 있다는 것이었다. 저발전 국가 민중들에게 이만큼 절실한 복음은 없었다. 마오쩌둥은 혁명 성공 직후 발표한 논설 〈인민민주주의 독재에 대하여〉에서 "소련 공산당은 우리의 가장 훌륭한 선생이므로 우리는 소련 공산당에게 배워야 한다"고 단언했다. 중국은 소련의 경험에 따라 1953년부터 5개년 계획을 실시했고 대다수 기업을 국유화했다. 국영기업 운영에서도 소련처럼 1인 관리제를 실시했다. 정치 체제 면에서는 공산당 외의 '민주당파'들이 전국인민대표대회(전인대), 인민정치협상회의(정협)에 참여할 길을 열어주었지만, 어디까지나 집권당은 항상 공산당이어야 했다. 북한도, 베트남도,

쿠바도 뒤를 따랐다. 아프리카의 여러 나라들도 마찬가지였다.

극단적 국가사회주의와 이상주의적 모색 사이의 격동

그러나 소련 모델은 제대로 작동하지 않았다. 이 모델은 (다른 모든 것을 과감히 희생해서라도) 급속한 공업화를 통해 경제의 양적 성장을 추진하는 데 적합했다. 하지만 신생국들은 과거 소련만큼도 공업화의 여건이 갖춰져 있지 않았다. 이들 국가의 경제는 겨우 자급자족할 정도의 농업에 의존하거나 지구 자본주의 질서에 부합하도록 특정 원자재 생산에 특화돼 있었다. 1930년대 소련처럼 공업 발전을 위해 농촌의 자원을 강제 징발할 여력도 없었고, 주력 원자재 생산을 국유화한다고 해서 세계시장과의 관계가 바뀌지도 않았다.

가령 쿠바는 혁명 이후에도 이전과 마찬가지로 사탕수수 단일 작물 재배에 의존했다. 해외 자본의 지배를 받든 정부가 관리하든 변함없는 현실이었다. 다른 구식민지 소국들에 비하면 풍부한 잠재력을 지녔다고 할 수 있는 중국마저 제1차 5개년 계획을 실시한 후에 공업화의 장벽을 실감해야 했다. 소련, 동유럽의 현실사회주의 블록이 버티고 있을 때는 내부 교역 덕분에 그럭저럭 넘어갈 수 있었다. 그러나 일단 동구권 국가사회주의 체제들이 무너지자 상황은 돌변했다. 쿠바는 사탕수수 특혜 판매 및 석유 확보 통

북한

1956년 스탈린 비판의 충격이 현실사회주의권 전체를 강타했을 때 북한도 여기에서 예외가 아니었다. 북한에서는 김일성 1인 숭배, 중공업에 편중된 소련식 모델의 교조적 추종이 비판의 도마에 올랐다. 하지만 비판 세력은 소련과 중국의 암묵적인 지원에도 불구하고 김일성을 중심으로 한 당권파의 상대가 되지 못했

다. 당내 비판 세력은 모두 숙청당하고 말았다(이른바 '8월 종파 사건'). 이후 북한은 '주체사상'을 공식 이념으로 내세웠다. 주체사상에는 인민 대중의 참여에 대한 강조와 '수령'을 정점으로 한 당-국가의 권위를 절대시하는 태도가 교묘히 결합돼 있다.

로가 막히자 붕괴 상태에 빠졌다. 아프리카 여러 나라도 마찬가지였고, 북한도 예외가 아니었다. 이 위기에 대해 북한은 국가사회주의의 억압적 통치 논리를 극단화하는 방식으로 대응했다. 그래서 우리는 지금 가장 가까이에서 '사회주의'라는 이름을 내건 세습 독재 체제와 마주하고 있다. 이 체제에서는 '수령'이라는 한 개인으로 수렴 · 상징되는 당-국가가 '국가'와 '사회'의 일체화를 주장하며 사회의 다른 모든 요소들을 억누른다.

비록 위기가 폭발한 시점은 최근이지만, 근본 한계는 체제 자체에 내장돼 있었다. 소련, 동유럽의 경우는 이런 체제의 문제점을 지적하고 변화를 요구한 이들이 주로 공산당 안의 이단 분파나 시민사회의 저항 세력이었다. 그런데 저발전 지역의 사회주의 체제에서는 집권 세력의 핵심부에서 급진적 대안을 모색하는 흐름이 등장했다. 이것이 중국 등의 사회주의 체제가 스탈린주의를 기반으로 하면서도 스탈린주의의 일반 궤적으로부터 벗어나는 지점이다. 이들 체제에서는 소련식 국가사회주의의 딜레마를 인민 대중의 주체적 참여를 강조함으로써 해결하려는 움직임이 나타났다.

예를 들어, 쿠바 혁명 정부의 경제 정책 담당자가 된 체 게바라는 소련보다 더 선진화된 중앙집권형 계획경제(그게 가능하다면)를 수립하려 했다. 그러나 이미 지적한 쿠바 경제 구조의 역사적으로 누적된 한계 때문에 이것은 실현할 수 없는 꿈에 그칠 수밖

북한은 국가사회주의의 억압적 통치 논리를 극단화하는 방식으로 대응했다. 그래서 우리는 지금 가장 가까이에서 '사회주의'라는 이름을 내건 세습 독재 체제와 마주하고 있다. 이 체제에서는 '수령'이라는 한 개인으로 수렴·상징되는 당-국가가 사회의 다른 모든 요소들을 억누른다.

에 없었다. 게바라는 이에 맞서 처음에는 생산 대중이 계획 수립과 집행 과정에 적극 참여해야 한다고 강조했다. 이를 위해 민중의 윤리적 각성을 촉구했고, 새로운 '사회주의적 인간'의 등장을 고대했다. 하지만 이 기대만으로는 당면 과제들을 풀어나갈 수 없음을 절감하고 나서 그가 마지막으로 선택한 것은 다시금 세계혁명에 투신하는 일이었다. 쿠바 한 나라만으로 수백 년 동안 이어져온 지구 자본주의 질서의 지배력에서 벗어나기 힘들다면 저발전 지역 국가들이 함께 거대한 혁명 블록을 구축하는 길밖에 없다는 결론을 내린 것이다.

한편 제1차 5개년 계획의 결과에 실망한 중국 정부는 1957년부터 대약진운동에 돌입했다. 중국이 지닌 자본과 기술의 한계를 절감한 마오쩌둥 역시 인민 대중의 힘에 기대를 걸었다. 그는 민중이 열정을 발휘한다면 오히려 소련보다 빠른 성장도 가능할 것이라고 믿었다. "10년 안에 영국을 따라잡고 20년 뒤에는 미국을 따라잡는다"가 수억 인민의 슬로건이 되었다. 대약진운동이 성과를 거두는 것처럼 보이자 마오쩌둥은 한 걸음 더 나아갔다. 초기 사회주의자들이 이상으로 제시하고 마르크스, 엥겔스가 궁극 목표로 생각한 코뮌을 지금 당장 건설하겠다는 것이었다. 코뮌의 중국식 이름은 '인민공사人民公社'였다. 마오쩌둥 스스로 1958년 당 회의에서 이렇게 말했다. "공상사

중국 대약진운동. 1958년 5월 16일 허난 수창 지역

문화혁명은 20세기에 사회주의의 표준형으로 생각되던 국가사회주의 체제와는 다른 가능성을 타진해보려던 가장 거대한 실험이었다. '국가=사회' 도식이 돌연 해체되고 젊은 세대의 대중운동이 당-국가의 매개 없이 권력을 행사하기 시작했다.

회주의의 이상들을 우리가 실행하려고 한다." 광대한 중국 농촌을 인민공사로 조직하려던 실험은 마침 대륙을 덮친 대기근과 겹치면서 실패로 끝나고 말았다. 이 때문에 마오쩌둥은 당권을 상실했고, 중국 공산당은 본래의 스탈린주의 모델로 선회했다. 하지만 마오쩌둥은 중국만의 새로운 길을 찾겠다는 생각을 포기하지 않았다. 이를 위해 1960년대 중반 '프롤레타리아 문화대혁명'이라는 사회주의 역사상 전무후무한 대중운동에 착수했다.

　문화대혁명(이하 문화혁명)은 지금도 연구가 계속 진행되고 있는 현대사의 가장 복잡한 사건들 중 하나다. 많은 이들이 영화나 소설에 재현된 홍위병의 폭력적인 모습에서 야만주의를 연상하곤 한다. 마오쩌둥은 문화혁명을 사회주의를 자본주의로 되돌리려 하는 관료, 지식인 세력에 맞선 혁명 대중의 투쟁이라고 규정했다. 사회주의국가의 최고 지도자가 국가 관료 기구를 타도하는 대중운동을 선동한 것이다. 레닌이 갑자기 《국가와 혁명》의 이상으로 돌아가기로 결심했다면 이런 모습이었을까?

　문화혁명에 대한 최종 평가는 유보하더라도 한 가지는 분명하다. 그것은 이 사건이 20세기에 사회주의의 표준형으로 생각되던 국가사회주의 체제와는 다른 가능성을 타진해보려던 가장 거대한 실험이었다는 사실이다. '국가=사회' 도식이 돌연 해체되고 젊은 세대의 대중운동이 당-국가의 매개 없이 권력을 행사하기 시작했다. 마오쩌둥 자신의 말대로, 자본주의와는 '다른' 근대 문명을 선택하자던 초기 사회주의의 구상이 갑작스레 부활한 것처럼 보였다. 현대 중국의 신좌파 지식인 추이즈위안崔之元은 문화혁명이 이렇게 민중의 직접 참여라는 '대민주大民主'의 이상을 고취했다는 점에서 여전히 중요한 참고 사례라고 주장한다. 추이즈위안과는 달리 자유주의자로 분류되는 친후이秦暉조차 문화혁명은 피해자인 당 관료들만이 아니라 주체였던 조반파造反派의 시각에서도 바라보아야 한다고 지적한다.

　문화혁명의 절정은 1967년 초에 등장한 상하이 인민공사(코뮌)의 사례였다. "모든 권력을 공사로!"라는 구호 아래 청년 노동자와 학생들이 당과 국가 조직으로부터 권력을 탈취했다. 이로부터 어떤 새로운 사회주의가 등장할지는 아무도 알 수 없었다. 마오쩌둥도 알 수 없었다. 그래서 그는 이 실험을 중단시키기로 결심했다. 조반파 덕분에 당권을 재장악한 국가 주석은 군대를 파견해 조반파를 진압했다. 새로운 가능성의 문턱 앞에서 국가사회주의의 교과서로 발걸음을 되돌린 것이다. '사회'를 대표할 최종 권한을 지닌 것은 역시 '당-국가'였다.

상하이 인민공사 설립 선포

　이것은 20세기의 표준 사회주의 모델을 둘러싼 '제3세계' 사회주의의 고민이 결국은 '국가＝사회'주의의 한계를 넘어서지 못했음을 말해준다. 소련식 체제가 작동하지 않을 때 그들은 인민 대중의 적극 참여

20세기의 표준 사회주의 모델을 둘러싼 '제3세계' 사회주의의 고민은 '국가
=사회'주의의 한계를 넘어서지 못했다. 그들은 인민 대중이 다양한 사회조
직을 구성해 국가권력의 직접 통제로부터 벗어나는 사태는 받아들일 수 없
었다.

를 간절히 바랐다. 하지만 어디까지나 당-국가를 지탱하거나 교
정하기 위해서였다. 인민 대중이 다양한 사회조직을 구성해 국가
권력의 직접 통제로부터 벗어나는 사태는 받아들일 수 없었다. 문
화혁명 초기처럼 일시적인 대중운동 정도면 족했다. 그들이 국가
권력과 경합하는 사회 권력으로 성장해선 안 될 일이었다. 국가사
회주의를 교조적으로 추종하든(북한) 이상주의적 일탈을 꾀하든
(문화혁명) 이 문제에 관한 한 오십보백보였다. 문혁 당시 조반파
였던 중국 사상계의 거장 첸리췬錢理群이 '민간民間'이라 이름 붙인
영역의 움직임은 지속적인 규제와 탄압의 대상일 뿐이었다.

　이런 실패에도 불구하고 자본주의 중심부 바깥에서는 '사회주
의'가 결코 지나간 옛말이었던 적이 없다. 심지어는 신자유주의의
전성기에도 그랬다. 소련과 달리 중국에서는 공산당 일당 통치가
무너지지 않았다. 현실사회주의 블록이 붕괴한 뒤, 중국 공산당은
'사회주의 시장경제'라는 이름으로 국가자본주의를 추진했다. '자
본주의의 성취에 도달하려는 비자본주의적 방식'은 '시장 만능'자
본주의가 아닌 '국가'자본주의 정도로 의미가 축소됐다. 아직 거
대한 규모를 자랑하는 국영 부문과 해안 지역의 신자유주의 '해방
구'가 공존하는 초유의 체제가 등장했다. 과거 국가사회주의를 이
끌던 당-국가는 이제 이 국가자본주의 질서의 기둥 역할을 한다.
일당 독재와 명령경제가 결합된 소련 모델 대신 일당 독재와 시장
경제가 결합된 중국 모델이 등장한 것이다.

중국 공산당은 이 모델을 여전히 '사회주의'라 부른다. 생전의 박정희가 "그렇다면 나야말로 사회주의자"라고 했을 법한 '사회주의'다. 하지만 이를 사회주의의 종국적 희화화라고 치부해버릴 만큼 사태가 단순하지는 않다. 중국에서는 '일당 독재와 국가자본주의'가 결합한 체제를 비판하거나 이에 저항하는 세력들 역시 '사회주의'를 말한다. '일당 독재' 쪽을 더 물고 늘어지면서 '사회주의 민주民主'를 주장하는 이들도, '(국가)자본주의' 쪽을 공격하면서 '사회주의의 복구'를 외치는 이들도 '사회주의자'로서 발언한다. 지금 중국에서 사회주의는 의미가 고정돼 있지도 않고 특정 세력의 전유물도 아니다. '민주주의'와 마찬가지로 여러 세력들의 투쟁이 벌어지는 전장戰場인 것이다.

한편 지구 반대편 아메리카 대륙에서도 사회주의는 현실 정치의 선택지 중 하나로 살아 있다. 이곳에는 사회주의 쿠바가 버티고 있다. 쿠바에도 국가사회주의의 기본 골격이 남아 있지만, 요즘은 공업화 대신 대안 농업에서 활로를 찾고 있다. 1998년 베네수엘라에서 우고 차베스Hugo Chávez(1954~2013)가 대통령에 당선된 이후에는 라틴아메리카 각국에서 잇달아 선거를 통해 좌파 정부가 들어섰다. 그중 베네수엘라, 볼리비아, 에콰도르 정부는 각각 '21세기 사회주의' '공동체 사회주의' 그리고 '좋은 삶Buen Vivir 사회주의'를 내

차베스 ©Rousseff

세운다. 그들의 사회주의가 지난 세기에 남반구 좌파 정부들이 보여준 성과와 한계를 얼마나 뛰어넘을지는 아직 알 수 없다. 다만한 가지 확실한 것은 쿠바를 비롯해서 이들 좌파 정부가 과거의선배들과는 달리 '자본주의 따라 잡기'식 발전관에서는 일정하게벗어났다는 사실이다.

가령 에보 모랄레스Evo Morales 대통령이 이끄는 볼리비아 정부의 공동체 사회주의는 아메리카 원주민 전통을 대안 사회의 중심요소로 되살리려 한다. 이 전통에서 대지는 '파차마마Pachamama'라불리는, 모든 인류의 어머니다. 모랄레스 대통령은 어머니 지구를사유화하려는 북반구 자본주의를 인류의 적으로 규정한다. 그러면서 '생태부채' 개념을 대안으로 제시한다. 기후변화의 책임은자본주의 중심부 국가들에 있는데, 피해는 남반구 국가들에 집중되고 있다. 이런 북반구 국가들의 책임을 수량화한 것이 생태부채다. 볼리비아 정부를 비롯한 라틴아메리카 좌파는 남반구 국가들

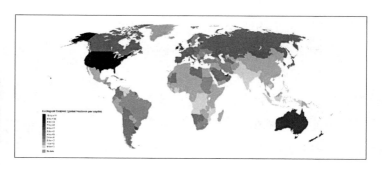

생태부채 개념을 도입해 '생태계 부채의 날' 캠페인을 주도하는 글로벌 풋프린트 네트워크GFN에서 생태부채를 표시한 세계지도

자본주의 중심부보다는 바깥에서 사회주의가 더 강한 생명력을 보인다는 사실은 시사하는 바가 크다. 이것은 그만큼 전 지구적 불평등이 자본주의의 가장 근본적인 한계 지점임을 말해준다. 그래서 앞으로 가장 끈질긴 생명력을 보일 사회주의는 '전 지구적 평등의 실현'으로서의 사회주의다.

이 북반구에 금융부채를 상환할 게 아니라 오히려 북반구 국가들이 남반구에 생태부채를 갚아야 한다고 주장한다. 아메리카 원주민 문화를 재해석한다는 점이 잉카 공동체에 주목했던 과거 마리아테기의 논의를 연상시킨다. 또한 지구 질서의 대변혁을 주창하는 것도 인상적이다.

어쨌든 자본주의 중심부보다는 바깥에서 사회주의가 더 강한 생명력을 보인다는 사실은 시사하는 바가 크다. 이것은 그만큼 전 지구적 불평등이 자본주의의 가장 근본적인 한계 지점임을 말해준다. 사회주의운동이 숱한 실패에도 불구하고 다시 존재 의의를 갖게 만드는 자본주의의 적나라한 모순들이 여럿 있다. 그중에서도 중심부와 주변부의 격차와 갈등이야말로 자본주의 체제 내부에서는 끝내 해결의 실마리를 찾을 수 없는 문제일 것이다. 그래서 사회주의의 여러 의미들 중에서 무엇이 앞으로 가장 끈질긴 생명력을 보일지는 누구나 쉽게 예상할 수 있다. 그것은 '전 지구적 평등의 실현'으로서의 사회주의다.

3

사회민주주의
그리고 1970년대의 대결

"부르주아 의회주의의 시대는 끝났고 프롤레타리아 독재 시대가 시작되었다." 레닌이 1920년에 집필한 《좌익 공산주의 : 하나의 유치한 혼란Left-Wing Communism : An Infantile Disorder》의 한 문장이다. 사실 《좌익 공산주의》는 레닌이 선거와 같은 기존 대의민주제에 참여하길 거부하는 서유럽 공산당의 좌편향 조류를 비판하려고 쓴 책이다. 위 문장이 등장하는 대목에서 레닌은 의회주의가 "역사적으로" 폐물이 되었더라도 "정치적으로"는 폐물로 치부해버릴 수 없다고 지적한다. 레닌의 입장은 오히려 서유럽과 미국의 공산주의자들이 "새롭고 범상하지 않고 기회주의적이지 않으며 출세주의적이지 않은 의회정치를 만들어낼 줄 알아야 한다"고 강조하는 쪽이었다. 하지만 레닌조차도 이후 역사 전개를 고찰해보면 '의회주의의 시대'에 대해 상당히 성급한 "역사적" 진단을 한 셈이었다.

레닌이 《좌익 공산주의》를 집필할 무렵, 부르주아 의회주의의

웨브 부부

웨브 부부는 중간계급 출신 지식인이었다. 남편 시드니는 버나드 쇼의 권유로 페이비언협회에 가입한 후 사실상 이 조직의 구심이 되었다. 시드니는 비어트리스와 결혼한 뒤 공동 연구로 《노동조합의 역사》, 《산업민주주의》등의 대작을 집필했다. 웨브 부부는 본래 자유당에 '침투'해 사회주의 정책을 확산시키자는 입장이었으나 노동당이 창당하고 점차 성장하자 노동당의 주요 이론가가 되었다. G. D. H. 콜 등 페이비언협회 내 신세대들이 길드 사회주의를 받아들이면서 웨브 부부의 의회주의 노선을 공격했지만, 웨브 부부 자신도 말년에는 소련에 크게 공감하는 등 급진화하는 모습을 보였다.

시대는 끝나지 않았고 오히려 이제 막 본격적으로 시작하는 중이었다. 앞에서 이미 이야기한 것처럼, 10월혁명의 여파로 1차대전 직후 서유럽 곳곳에서는 보통선거 제도, 최소한 남성 보통선거 제도가 도입됐다. 이로써 의회정치 바깥에 있던 노동 대중도 이제는 의회정치에 참여하게 됐다. '부르주아' 의회주의는 '대중' 의회주의로 확장됐다. 러시아에서 벌어진 일이 자국에서 되풀이되는 사태를 막으려는 서유럽 부르주아의 '예방 혁명'이었다. 10월혁명이 이런 예방 혁명을 촉발했으니 레닌도 의회주의의 새 시대가 시작되는 데 얼마간 기여했다고 해야 할지 모른다. 역사의 역설이 아닐 수 없다.

페이비언협회 문장

그런데 가장 앞장서서 이 시대를 준비해온 사회주의의 흐름이 있었다. 영국의 사회주의 연구·선전 단체인 페이비언협회Fabian Society다. 시드니 웨브Sidney Webb(1859~1947)와 비어트리스 웨브Beatrice Potter Webb(1858~1943) 부부, 조지 버나드 쇼George Bernard Shaw(1856~1950) 그리고 허버트 조지 웰스Herbert George Wells(1866~1946) 같은 당대 일급 지식인들이 이 단체의 열혈 회원이었다. '페이비언'이라는 명칭은 고대 로마의 장군 파비우스Quintus Fabius Maximusm의 이름에서 따온 것이었다. 파비우스는 한니발이 이끄는 카르타고 군에 맞서 지

웨브 부부

조지 버나드 쇼

구전을 펼쳤다. 페이비언 사회주의자들은 자본주의에 맞선 현대의 파비우스를 자처했다. 즉 자본주의 극복 과정도 지구전이 될 것이라고 믿었다. 그들이 구상하는 장기전의 무대는 의회와 지방자치단체 같은 대의민주주의 기구였다. 그들은 의회의 입법과 중앙정부·지방자치단체의 행정을 통해 사회주의를 점진적으로 실현해나갈 수 있다고 주장했다. 선거를 통해 의회 내 영향력을 늘리고 행정부를 장악하면 충분히 가능하다는 것이었다.

페이비언협회가 막 활동을 시작하던 19세기 말에는 아직 영국에서도 완전한 보통선거 제도가 실시되지는 않았다. 하지만 이 나라에서는 유혈 혁명 없이도 대의민주제가 조금씩 확대된 것 역시 사실이었다. 페이비언 사회주의자들은 이러한 영국 전통의 산물이었으나 또 한편 영국을 넘어 전 세계 사회주의운동의 전개 방향을 예고했다. 어느 나라에서든 일단 보통선거 제도가 정착되면 대중들은 기성 대의정치에 적극 참여했고 이런 흐름은 사회주의운동의 대세가 되었다. 독일 사회민주당에서 베른슈타인이 주창한 수정주의도 실은 페이비언 사회주의를 독일인들에게 익숙한 마르크스주의 체계의 용어로 번안한 것이다. 더 앞질러 말하면, 공산당들조차 2차대전 이후 대의민주주의가 장기 안정기에 접어들자 선거를 통한 집권을 사회 변화의 필수 계기로 바라보게 되었다. 이 역시 페이비언 사회주의자들이 예견한 큰 방향과 일치한다. 페이비언 사회주의자들은 마르크스, 엥겔스와는 또 다른 방향

REMOULD IT NEARER TO THE HEARTS DESIRE

1910년 페이비언협회를 경축하기 위해 만든 스테인드글라스, 런던 정경대 '쇼 도서관'에 있으며, 맨 위에는 '심장의 요구에 따라 보다 바람직한 모습으로 세상을 개조하기'라고 쓰여 있다

영국에서는 유혈 혁명 없이도 대의민주제가 조금씩 확대된 것 역시 사실이다. 페이비언 사회주의자들은 이러한 영국 전통의 산물이었으나 또 한편 영국을 넘어 전 세계 사회주의운동의 전개 방향을 예고했다. 어느 나라에서든 일단 보통선거 제도가 정착되면 대중들은 기성 대의정치에 적극 참여했고 이런 흐름은 사회주의운동의 대세가 되었다.

에서 19세기에 '20세기 사회주의'를 준비했던 것이다.

20세기 사회주의를 준비한 또 다른 선구자들─페이비언 사회주의

10월혁명 이후 사회주의 세계는 양분됐다. 자칭 '공산주의자'인 혁명적 사회주의 추종자들을 제외한 나머지 절반은 이제 페이비언협회가 개척한 노선을 더욱 분명히 지지했다. 후자의 흐름은 이때부터 '사회민주주의social democracy'라 불리기 시작했다. 즉 사회주의 이념─운동 중 개혁적 사회주의의 별칭이 '사회민주주의'였다. 페이비언협회가 선구적으로 탐색했던 여러 가능성이 이후 사회민주주의 운동에서 만개했다. 대표적인 것이 혁명 러시아와는 또 다른 맥락의 '국가사회주의'의 부상이었다. 버나드 쇼는 "페이비언협회가 주창하는 사회주의는 전적으로 국가사회주의"라고 단언한 바 있다. 의회나 중앙정부, 지방자치단체는 곧 국가기구였다. 다만 선거권의 확대를 통해 얼마간 '민주화'된 국가기구였다. 페이비언협회의 구상에 따르면, 이 국가기구가 점진적인 사회주의 이행의 주체였다. 중앙정부나 지방자치단체가 운영하는 공공부문을 확대해 사회적 소유를 늘리고 누진소득세를 재원으로 국가 복지 정책을 실시한다는 것이었다.

국가를 사회 변화의 주역으로 제시해서 마르크스, 엥겔스의 혹독한 비판을 받았던 페르디난트 라살레Ferdinand Lassalle(1825~1864)

이제 국유화가 사회적 소유 확대의 주된 방법이라는 것이 사회주의 세계의 새로운 상식이 되었다. 적어도 이 점에서는 페이비언협회의 입장과 독일 사회민주당식 마르크스주의 해석, 혁명 이후 소련 공산당 노선 사이에는 일맥상통하는 바가 있었다. 그것은 모종의 국가사회주의에 대한 공감이었다.

조차 국유화에 대한 확신은 별로 없었다. 그가 주창한 바는 노동자 협동조합을 설립하기 위해 국가의 재정 지원을 받자는 정도였다. 이것이 19세기 사회주의의 큰 흐름이었다. 그러나 세기가 바뀌자 대세도 바뀌었다. 이제 국유화가 사회적 소유 확대의 주된 방법이라는 것이 사회주의 세계의 새로운 상식이 되었다. 적어도 이 점에서는 페이비언협회의 입장과 독일 사회민주당식 마르크스주의 해석, 혁명 이후 소련 공산당 노선 사이에는 일맥상통하는 바가 있었다. 그것은 모종의 국가사회주의에 대한 공감이었다.

다만 서구 사회민주주의자들의 국가사회주의는 소련에 실현된 체제와는 결정적으로 다른 점이 있었다. 이들의 구상은 여러모로 '연성軟性' 국가사회주의라 할 만했다. 현실사회주의권에서는 일당 독재 국가에 시민사회가 흡수되는 양상이었다. 반면 서구 사회주의 전통에서는 다원주의가 보장되었고 국가와 시민사회의 경계도 분명했다. 이전 세기에 비해 국가에 더 많은 역할을 부여하기는 했지만, 그렇다고 소련, 동유럽처럼 사회의 자율성이 국가기구에 압살당하지는 않았다. 이것은 서구 사회민주주의가 자유주의 정치 전통과 결합했기 때문이었다.

사회민주주의자들이 인수하려 한 국가는 자유주의 세력이 자본주의의 변화에 맞춰 발전시켜온 국가였다. 이 국가는 자본가계급의 이해를 어떻게든 보장해야 한다는 전제에 묶여 있으면서 또한 개인과 다양한 사회 세력의 자유를 존중한다는 원칙을 표방했 사회민주주의자들에게는 자유주의와 사회주의가 더 이상 서로 대립된 사조가 아니었다. 둘은 상호 수렴되어야 할 서구 근대 문명의 두 기둥이었다. 자유주의와 사회주의의 협력을 통해 자본주의는 발전의 최고점에 도달하고 결국은 사회주의로 점차 이행해갈 터였다.

다. 사회민주주의자들은 자유주의 국가의 두 측면을 모두 받아들였다. 그래서 한편으로는 선거를 통한 집권과 사회 개혁의 한계를 여지없이 드러냈다. 사회민주주의 정당들은 선거에 승리한 후에도 결코 국가기구를 '장악'하지는 못했다. 오히려 자본주의 국가기구에 제 발로 들어가 감금된 포로처럼 보이곤 했다. 사회민주주의 정당이 집권 이후 실제로 광범한 국유화를 추진한 사례는 거의 없었다. 자본과 노동의 세력 관계는 뒤집히지 않았다. 하지만 다른 한편으로 국가/시민사회의 명확한 분립 덕분에 정치의 실패가 곧바로 모든 운동의 비극으로 귀결되는 사태만은 피할 수 있었다(단 한 번의 결정적 예외는 파시즘의 승리였다). 노동조합이 국가에 완전히 흡수되는 일도 없었고, 집권 사회주의 정당에 반대하는 또 다른 사회주의 정치세력의 성장을 가로막는 장애물도 없었다.

　아무튼 사회민주주의자들에게는 자유주의와 사회주의가 더 이상 서로 대립된 사조가 아니었다는 점이 중요하다. 둘은 상호 수렴되어야 할 서구 근대 문명의 두 기둥이었다. 이제 사회주의는 자유주의의 전통을 계승하고 자유주의가 자신의 가장 바람직한 유산을 발전시켜나가도록 채근하며 그 발전 속도를 재촉하는 이념-운동으로 정리됐다. 자유주의와 사회주의의 이러한 협력을 통해 자본주의는 발전의 최고점에 도달하고 결국은 사회주의로 점차 이행해갈 터였다. 물론 초기 사회주의자들도 개인의 해방이라는 자유주의의 궁극 목표에 공감하기는 했었다. 하지만 사회민주주의자들처

럼 자유주의와 사회주의 사이의 계승 관계와 연합의 필요성을 강
조하는 것은 고전 사회주의에서는 그리 낯익은 모습이 아니었다.

 이러한 수렴 운동이 처음 등장한 나라는 영국이었다. 존 스튜
어트 밀John Stuart Mill(1806~1873)은 초기 사회주의 시대인 1830년대
에 이미 자유주의와 사회주의의 종합을 시도했다. 페이비언 사회
주의자들은 이를 이어받았고, 1차대전 이후에는 유럽 대륙의 사
회민주주의자들도 이 대열에 합류했다. 1918년 독일혁명 직후의
한 강연에서 베른슈타인은 단언했다. "세계관으로서의 자유주의
는 그의 시대에 위대한 것이었으며, 오늘날에도 여전히 결코 불필
요한 것이 아니다." 그리고 이러한 노력의 귀결은 2차대전 이후에
더욱 분명히 드러나게 된다.

20세기 전반의 대위기를 넘어 자유주의 - 사회민주주의의 수렴을 향해

하지만 자유주의와 제휴하려는 사회민주주의의 시도가 처음부
터 잘 작동한 것은 아니었다. 양차 세계대전 사이의 시기에 이미
서유럽의 많은 나라에서는 사회민주주의 정당이 제1당으로서 연
립정부를 구성해 집권했다. 현실적으로도 연정을 결성하자면 중
도 자유주의 정당들의 협력이 필요했다. 그런데 이 시기의 자유주
의는 경제 정책에 관한 한 시장지상주의 일색이었다. 경기 순환은
정부 정책과 상관없이 시장이 스스로 극복해갈 문제라는 것이 당

대의 정통 교리였다. 국가의 역할은 통화가치를 안정시켜서 시장의 자기조정 능력을 보장해주는 정도면 충분하다고 보았다. 또한 호황과 불황은 자연법칙과 같은 것이니 인플레이션만 잡으면 된다는 식이었다.

의외로 사회민주주의 정당들도 이에 동조했다. 페이비언 사회주의든 정통 마르크스주의든 새로운 사회로 넘어가야 한다는 당위나 그 방법론을 논했을 뿐이지 사회주의 정당이 자본주의국가의 경제 정책을 담당하게 되면 당장 무엇을 해야 하는지는 말해주지 않았던 것이다. 그래서 새로운 사회 건설과 국민국가 수준의 경제 운영은 전혀 별개의 과제로 치부되었다. 후자에 관해서는 동맹 대상인 자유주의 세력이 쉽게 합의해줄 경제 정책을 추진하면 된다는 안이한 생각이 지배했다. 그랬기 때문에 거시 경제 정책에 사회 변화의 전망을 결합하려는 적극적인 시도는 거의 없었다. 이런 상황에서 1929년 세계 대공황이 닥쳤다.

도로시아 랭, 〈대공황─비어 있는 가게에 기대어 선 실업자〉(1935)

자유주의-사회민주주의 연합은 출범 10여 년 만에 대위기에 빠졌다. 지지자들이 일자리를 잃고 거리에 나앉는데도 집권 중도 좌우파는 속수무책이었다. 이는 단순히 자유주의·사회민주주의 정당들만의 위기가 아니었다. 그들이 상징적

1929년 세계 대공황이 닥쳤다. 자유주의-사회민주주의 연합은 출범 10여 년 만에 대위기에 빠졌다. 이때 사회민주주의 쪽에서는 스웨덴 사회민주노 동당이 사회주의운동의 전통적인 구상들 가운데 '경제계획'에 주목했다. 자 유주의 쪽에서는 미국 민주당 정부가 '뉴딜'이라는 새로운 합의를 끌어냈다.

구심 역할을 하던 민주적 국민국가 자체의 위기였다. 보통선거 제도 의 도입은 형식상 모든 시민이 참정권을 갖는 '민주적' 국민국가 의 시대를 열었다. 당연히, 새로 정치 참여 통로를 확보한 대중이 국가에 거는 기대도 높아졌다. 그러나 대공황은 이 기대를 무참히 짓밟았다. 일자리는 줄어들었고, 재정 고갈을 이유로 얼마 안 되 는 복지 제도마저 한계를 드러냈다. 국가는 유권자들이 바라는 경 제적 보상을 전혀 제공해주지 못했다. 민주적 국민국가가 자본주 의 현실과 충돌하면서 처음부터 곤경에 빠진 것이다. 이 프로젝트 의 두 기둥인 자유주의, 사회민주주의 세력 모두 대혼란의 소용돌 이에 휩싸였다.

이 틈에 독일에서는 이들의 실패를 '민족사회주의'로 해결하겠 다는 민족사회주의독일노동자당(약칭 나치)이 정권을 잡았다. 나 치는 집권한 지 1년도 안 돼 그토록 강력하던 독일 사회민주당, 공 산당 그리고 노동조합을 모조리 쓸어버렸다. 영국에서는 노동당 이 정권을 잃었을 뿐만 아니라 총선에서 의석이 287석에서 46석 으로 줄어드는 파국을 맞이했다.

이때 사회민주주의와 자유주의 양 진영에서 이 위기를 돌파하 려는 과감한 시도가 나타났다. 사회민주주의 쪽에서는 스웨덴 사 회민주노동당이 주인공이었다. 스웨덴 사회민주주의자들은 사 회주의운동의 전통적인 구상들 가운데 '경제계획'에 주목했다. 그 들은 당이 집권 이후 즉각 실시해야 할 거시 경제 정책을 "나라

루스벨트

케인스

살림의 계획planhushållning"이라 정리했다. 기업들을 사회적 소유로 만들기 전에라도 국가가 경제계획에 착수해야 한다는 것이었다. 정통 자유주의 교리의 한계를 뛰어넘어 국가가 경제 활동에 지금 당장 적극 개입해야 한다는 이야기이기도 했다. 그래야만 당면한 불황에서 탈출하고 새로운 사회의 요소들을 앞당겨 실현할 수 있다는 것이었다. 1932년 총선에서 승리한 사회민주노동당은 이 약속을 실행에 옮겼다. 경기 부양을 위해 국가가 직접 투자에 나섰고 그 일환으로 복지 제도를 대폭 확대했다. 스웨덴 복지국가의 초석을 쌓기 시작한 것이다. 이후 이 당은 1976년까지 무려 44년간 연속 집권하게 된다.

자유주의 쪽에서는 프랭클린 루스벨트Franklin D. Roosevelt(1882~1945) 대통령이 이끄는 미국 민주당 정부가 '뉴딜New Deal'이라는 이름으로 새로운 합의를 끌어냈다. 또한 이를 이론적으로 뒷받침하는 존 메이너드 케인스John Maynard Keynes(1883~1946)의 수정자유주의 학설이 대두했다. 2차대전 이후에는 뉴딜 합의와 케인스주의가 선진 자본주의국가의 자유주의 세력 전체로 확산되었다. 자유주의 진영은 지구 자본주의 질서와 민주적 국민국가가 서로 충돌하지 않도록 시장의 지배에 어느 정도 한계를 두어야 한다는 데 동의했다. 이제는 자본주의 아래서도 국가가 경제 활동을 조절하는 것이 더 이상 금기가 아니었다. 이런 자유주의의 변화와 함께 전후 자본주의의 30년 장기 호황이 시작되었다. 민주적 국민국가는 드디

자유주의, 사회민주주의 양 진영의 변화가 서로 만나 새로운 수렴 지대가 등장했다. 이 수렴점의 대중적 표현이 바로 '복지국가'다. 핵심은 완전 고용의 실현이었다. 국가는 괜찮은 일자리를 보장함으로써 유권자에게 경제적 보상을 제공했다. 여기에 다양한 복지 정책과 공공 서비스가 추가되었다.

어 자신의 토대 노릇을 할 '민주적 자본주의'를 찾아낸 듯싶었다.

이러한 자유주의, 사회민주주의 양 진영의 변화가 서로 만나 새로운 수렴 지대가 등장했다. 이 수렴점의 대중적 표현이 바로 '복지국가'다. 핵심은 완전 고용의 실현이었다. 국가는 괜찮은 일자리를 보장함으로써 유권자에게 경제적 보상을 제공했다. 여기에 중앙정부와 지방자치단체를 통한 다양한 복지 정책과 공공 서비스가 추가되었다. 임금 소득을 보완하기 위해 실업 수당이나 공적 연금을 확대했고, 의료, 보육, 교육 서비스 등을 제공했다. 1950년대 중반쯤에는 서유럽 여러 나라에서 이러한 복지국가의 골격이 거의 완성되었다. 노동 대중은 몇 세대 만에 처음으로 중산층의 풍요와 안락에 동참하게 됐다. 집에 백색가전을 들여놓았고 승용차도 장만했다. 아이들을 대학에 보냈고 여름에는 남유럽으로 유급 휴가를 떠났다. 자본주의 자체가 바뀌진 않았지만 사회주의운동의 첫 세대가 머나먼 미래의 꿈으로만 생각했던 것들 중 상당 부분이 이루어졌다.

그러자 사회민주주의 진영에서는 이러한 상태가 곧 사회주의의 실현 아니냐는 이야기가 나오기 시작했다. 이제는 복지국가를 건설하고 유지하는 것이 곧 사회주의라는 주장이었다. 이런 흐름을 대변한 대표적인 저작 중 하나가 영국 노동당의 앤서니 크로슬랜드Anthony Crosland가 1956년에 발표한《사회주의의 미래The Future of Socialism》이다. 이 책에서 크로슬랜드는 사회주의가 더 이 크로슬랜드가 제시한 "사회 복지와 평등의 증대"라는 사회주의의 방향은 사회민주주의와 수정자유주의의 합의 지점이기도 했다. 이제 사회주의는 자본주의-자유주의가 좀 더 인간적인 얼굴을 갖도록 지속적으로 평등을 강조하는 이념-운동, 즉 자유주의를 평등 쪽으로 견인하려는 노력으로 정리된다.

상 "국유화와 국가 계획"을 뜻하진 않는다고 단언했다. 사회주의는 "사회 복지와 평등의 증대"라는 종착역에 도달했다는 것이었다. 이는 사회민주주의 정당들의 정책 지향일 뿐만 아니라 사회민주주의와 수정자유주의의 합의 지점이기도 했다. 그렇다면 사회민주주의자들이 말하는 현대 '사회주의'는 결국 자유주의와 본질적인 차이가 없는 이념이 되고 만다. 이제 사회주의는 자본주의-자유주의가 좀 더 인간적인 얼굴을 갖도록 지속적으로 평등을 강조하는 이념-운동, 즉 자유주의를 평등 쪽으로 견인하려는 노력으로 정리된다. 현실에서는 결국 자본주의의 케인스주의적 형태인 국가 관리 자본주의와 조응한다.

이것은 자유주의와 사회주의의 제휴를 처음 제기한 선배 사회주의자들에 비해 자유주의 쪽으로 훨씬 더 선회한 입장이었다. 여기에 견주면 "사적 소유 체제의 파멸"을 염원한 쇼나 "토지와 자본주의적 기업의 사회화"를 당연시한 베른슈타인은 차라리 급진 과격파였던 셈이다. 지금도 서구 사회민주주의 정당의 주류는 크로슬랜드가 제시한 의미로 '사회주의'를 정의하며 자신들을 '사회주의자'라 칭한다. 반면 사회민주당보다 왼쪽에 있는 급진 좌파는 '사회민주주의'와 '사회주의'를 엄격히 구분한다. '사회주의'는 자본주의의 극복을 확실히 하는 경우에만 쓸 수 있으며 복지국가에 머무르는 세력은 '사회민주주의'라 구별해서 불러야 한다는 것이다. 하지만 '사회주의'에 저작권 표시가 붙어 있는 것도 아니니 어느 쪽이 맞고 틀리다고 할 수 있는 문제는 아니다. 다만 여기에서는 20세기 사회주의의 한 갈래가 사회적 자유주의와 사회주의의 점이지대로 향했다는 것만 확인하고 넘어가자. 이 점이지대에는 급기야 신자유주의와 사회민주주의 사이의 '제3의 길'을 추구하겠다는 흐름마저 등장했고, 그래서 요즘은 복지국가를 강조하는 크로슬랜드 정도의 입장도 당내 '좌파'로 분류되는 형편이다.

복지국가를 넘어―구조 개혁 대안의 대두

그러나 서구 사회주의 세계가 모두 한 가지 색깔로 통일된 것은 아니었다. 심지어는 사회민주주의 정당 안에도 복지국가로 만족할 수 없다는 이견이 존재했다. 재무장관으로서 복지국가 건설에 중요한 역할을 했던 스웨덴 사회민주노동당의 이론가 에른스트 비그포르스Ernst Wigforss(1881~1977)가 대표적인 인물이었다. 그는

비그포르스

사회주의운동이 항상 '잠정적 유토피아provisorisk utopia'를 추구해야 한다고 보았다. 일상 활동만 할 수도 없고 꿈같은 유토피아만 추구할 수도 없다. 항상 노동자들의 현실적인 당면 요구에 응답하면서 사회주의로의 전진을 구상하고 실천해야 한다. 이것이 비그포르스가 '잠정적 유토피아'라는 개념으로 의도한 바였다. 그에게 복지국가란 1930년대에 스웨덴 사회주의운동에 필요했던 잠정적 유토피아였다. 이제 그러한 목표를 달성했으니 다시 새로운 잠

비그포르스는 사회주의운동이 항상 '잠정적 유토피아'를 추구해야 한다고 보았다. 그에게 복지국가는 종착역이 아니라 한 "정거장"에 불과하다. 비그포르스는 기업에서 자본과 노동의 권력 관계를 폐지하는 것을 복지국가 다음 단계의 목표로 제시했다.

정적 유토피아를 향해 나아가야 한다. 복지국가는 종착역이 아니라 한 "정거장"에 불과하다. 비그포르스는 기업에서 자본과 노동의 권력 관계를 폐지하는 것을 복지국가 다음 단계의 목표로 제시했다. '소유주 없는 사회적 기업'이라는 구체적인 방안까지 제시했다. 비그포르스는 자본의 지배가 아닌 사회의 자기 통치를 실현한다는 사회주의의 오래된 이상을 결코 포기하지 않았던 것이다.

2차대전 이후 거대 대중정당으로 성장한 서유럽 공산당들도 비슷한 고민을 했다. 그들은 사회민주주의 세력과 마찬가지로 기존 대의민주제를 받아들였고 대중에게 완전 고용과 복지 확대를 약속했다. 그러면서 동시에 그것을 넘어 자본주의의 근본 구조에 손을 대는 개혁을 추구했다. 이탈리아 공산당은 이를 '구조 개혁structural reforms'이라 불렀다. 대중의 요구를 바탕으로 제도 정치 절차에 따라 개혁에 착수하되 종국에는 대중운동의 힘으로 자본과 노동의 세력 관계를 돌이킬 수 없도록 뒤바꾼다는 것이었다. 1960년대에 피에트로 잉그라오Pietro Ingrao를 중심으로 형성된 당내 좌파(흔히 '잉그라오 좌파'라 불렸다)는 단지 공공부문과 국가 개입 영역을 늘리는 것만으로는 부족하다고 지적했다. 이런 개혁 자체보다 이를 추구하는 과정에서 노동 현장과 지역사회에 민중의 독자적 권력 구심을 건설하고 네트워크를 구축하는 일이 더 중요하다고 보았다. 그래야 단순한 소득 재분배를 넘어 권력 자체를 재편할 수 있다는 것이었다.

프랑스 급진 좌파의 대표적 이론가 앙드레 고르André Gorz (1923~2007)는 이와 비슷한 구상을 제시하면서 '비개혁주의적 개혁non-reformist reforms'이라 칭했다. 그는 주류 사회민주주의자들의 개혁주의 노선이 자본주의를 공격하고 뒤흔들긴커녕 기존 체제를 합리화, 고도화한다고 비판했다. 이런 방향에서 실행되는 소득 재분배는 노동'계급'을 소비사회의 원자적 '개인들'로 해체할 뿐이라는 것이었다. 고르는 어떤 개혁이든 잠정적 타협일 따름이고 따라서 더 근본적이고 폭넓

젊은 시절의 고르와 그의 아내 도린

은 개혁으로 신속히 발전해가야 한다고 보았다. 가장 중요한 것은 "권력 관계의 변형"이며 이를 위한 "민중 권력의 확장"이다. 고르는 자유주의와 사회민주주의의 전후 타협을 넘어 이러한 '비개혁주의적 개혁'으로 나아가야 한다고 역설했다. 그래서 1960년대 말의 혁명적 학생운동에 주목했고 노동자 자주 경영 실험을 끊임없이 격려했다.

이런 목소리들이 항상 사회주의운동의 변두리만 맴돌았던 것은 아니다. 1970년대가 되자 전후의 자유주의-사회민주주의 타협에 금이 가기 시작했다. 30년 장기 호황으로 비대해질 대로 비대해진 중심부 자본은 케인스주의의 족쇄를 깨고 다시 자본의 일방적 우위

'상상력에게 권력을'. 1968년 파리 낭테르 대학 벽의 낙서

가 관철되는 전 지구적 세력 관계를 구축하려 했다. 나중에 '신자
유주의neo-liberalism'라는 이름을 얻은 자본의 대공세가 시작되려
하고 있었다. 이에 맞서서 좌파 정당과 노동조합 운동 안에서는
구조 개혁 혹은 비개혁주의적 개혁을 주창하는 흐름이 점차 힘
을 얻었다. 1970년 칠레 대통령선거에서 '구리 광산 국유화' 등을
공약한 인민연합(사회당, 공산당 등 좌파 정당들의 연합)의 살바도르
아옌데Salvador Allende(1908~1973) 후보가 당선되고 "사회주의로의 민
주적, 평화적 길"을 내걸며 급진 개혁을 단행한 것 역시 커다란 자
극이 되었다. 비록 칠레 인민연합 정부의 시도 자체는 군부 쿠데
타로 비극적인 종말을 맞았지만, 선거로 집권한 좌파가 서구 사회
민주주의의 성과를 뛰어넘는 목표를 추구하는 게 충분히 가능하
다는 사실만은 일단 확인됐다.

　이후 1970년대 내내 영국, 프랑스 등 자본주의 중심부의 좌파
진영에서는 탈자본주의 구조 개혁 대안이 급속히 확산됐다. 1972
년 프랑스에서는 사회당과 공산당이 대
기업과 금융기관의 국유화를 핵심으로
하는 '공동 강령Common Programme'에 합의
했다. 1981년에 사회당의 프랑수아 미
테랑François Mitterrand 후보는 '공동 강령'
을 거의 그대로 이어받은 공약을 내걸
고 대선에 출마해 당선된다. 1973년 영

아옌데

대안 경제 전략

노동당 1974년 총선 공약에 반영된 '대안 경제 전략'의 핵심 내용은 '국민기업위원회'라는 국가지주회사를 설립해서 각 산업을 대표하는 핵심 기업의 지배 주주가 되게 한다는 것이었다. 이렇게 해서 영국 자본의 금융화로 인한 제조업 공동화를 제어하려 했다. 또한 100대 기업에 대해서는 의무적으로 국가와 계획 협약을 맺게 해서 정부의 경제계획 목표를 관철하려 했다. 전반적으로 거대 자본의 권력을 해체하고 사회에 복속시키는 게 목표였다.

국 노동당에서는 토니 벤Anthony Wedgwood Benn 하원의원을 중심으로 당내 좌파('벤 좌파Bennite Left'라 불렸다)가 성장해 '대안 경제 전략Alternative Economic Strategy, AES'이 총선 공약으로 채택되도록 만들었다. '대안 경제 전략'에는 국가지주회사 설립을 통해 주요 대기업을 국유화하고 국가와 기업이 의무적으로 계획 협약을 맺게 한다는 내용이 포함돼 있었다. 나중에 소개하겠지만, 비슷한 시기에 스웨덴 금속노동조합은 '소유주 없는 사회적 기업'이라는 비그포르스의 구상을 실제 전략으로 구현한 '임노동자기금Löntagarfonder' 방안을 채택했다.

마침 막 부상하고 있던 신자유주의 우파와 이들 구조 개혁 대안 세력의 정면 대결은 피할 수 없었다. 한데 이 대결은 번번이 좌파 쪽의 어이없는 굴복으로 끝나고 말았다. 1974년에 집권한 영국 노동당은 총선 공약이었던 '대안 경제 전략'을 헌신짝처럼 내버렸다. 그러고 나서 1976년에 외환위기가 닥치자 이번에는 케인스주의까지 포기하고 말았다. 1979년에 노골적으로 시장지상주의를 추구하는 마거릿 대처Margaret Thatcher의 보수당으로 정권이 교체되기 전에 이미 한 시대는 종말을 고한 상태였다. 1981년에 미테랑의 대통령 당선으로 출범한 프랑스의 사회당-공산당 공동정부는 집권 후 1년간 대부분의 시중은행과 6개 제조업 그룹을 국유화하는 등 공약을 충실히 이행했다. 그러나 외환위기가 몇 차례나 거듭되자 1983년 결국 백기를 들었다. 구조 개혁과 케인스주의 정책을 모두 중단하고 이미 대세가 된 신자유주의 지구화 진영에 투항한 것이다. 이 무렵 스웨덴에서도 자본 진영의 격렬한 반발로 '임노동자기금' 방안의 실현이 사실상 무산되고 말았다. 패배의 기나긴 사슬이었다. 이후 30여 년간 전 세계를 지배한 신자유주의 지구화는 이런 사회주의 세력의 잇단 패배를 기반으로 성장한 것이다.

패배의 원인은 무엇인가? 20세기 서구 사회주의의 출발점을 다시 돌아볼 수밖에 없다. 보통선거 제도 도입 이후 기존 대의민주제의 수용은 불가피했다. 이것은 앞으로도 변함없이 최소한의 필요조건이 될 것이다. 그렇다 하더라도 과연 이런 형식에 제한된 정치로 자본과 노동의 세력 관계를 역전시키는 급진 개혁을 이루어낼 수 있을까? 30여 년 전의 대결 사례들은 하나같이 '그럴 수 없다'고 답한다. 사실 사회민주주의의 선조들이 처음 자유주의 정치를 받아들일 때부터 이것은 예견된 바였다. 자유주의의 최소 민주주의, 즉 의회제는 민주주의의 전부일 수 없었다. 버나드 쇼는 "우발적 폭민정치"에 맞선 "민주적 귀족정치"를 찬양했다. 그는 "전체 프롤레타리아에 의한 독재"가 아니라 "5퍼센트의 프롤레타리아에 의한 독재"가 바람직하다고 말했다(〈후기 : 페이비언주의 60년〉, 《페이비언 사회주의Fabian Essays in Socialism》). 여기에서 일당 독재를 통한 "5퍼센트의 프롤레타리아에 의한 독재"는 논외로 하자. 그것은 이미 역사의 평가를 받았다. 문제는 "민주적 귀족정

한때 큰 흐름을 이뤘던 구조 개혁 대안조차 사회민주주의와는 다른 정치를 발명해내는 데는 성공하지 못했다. '사회'가 다양한 민중 조직들로 실체화되고 그들이 연대하여 일으키는 대중운동이 국가권력을 변화시켜간다는 구상은 지금 미래의 가능성으로만 남아 있다.

치", 즉 자유주의 의회정치를 통한 "5퍼센트의 프롤레타리아에 의한 독재"이다. 이는 나머지 95퍼센트 프롤레타리아의 결집보다는 "민주적 귀족정치"의 장에서 공존하는 "5퍼센트의 부르주아"와 거래하는 데 더 능하다.

지난 100여 년간 사회민주주의는 이런 정치에 뿌리깊이 길들여졌다. 한때 큰 흐름을 이뤘던 구조 개혁 대안조차 이와는 다른 정치를 발명해내는 데는 성공하지 못했다. '사회'가 다양한 민중 조직들로 실체화되고 그들이 연대하여 일으키는 대중운동이 국가권력을 변화시켜간다는 구상(이런 전망을 제시한 대표적 이론가로는 그리스 출신 마르크스주의 정치학자 니코스 풀란차스Nicos Poulantzas를 들 수 있다)은 지금 미래의 가능성으로만 남아 있다. (사실 서구 사회주의의 출발점에는 다른 가능성도 잠재해 있었다. 가령 장 조레스는 프랑스대혁명의 전통을 잇는 공화주의와 사회주의를 결합하려 했다. 그래서 영국식 자유주의와 사회주의의 결합을 꾀한 페이비언 사회주의자들과 달리 대중의 능동적 참여와 혁명의 가능성에 열린 입장을 취했다.)

아무튼 여기가 지금까지 세계 사회주의운동이 가장 멀리 나아간 지점이다. 자본주의가 가장 발전한 지역에서 한 세대 전의 자본주의 위기는 사회주의가 아니라 보다 근본주의적인 자본주의(신자유주의)의 선택으로 귀결됐다. 자본주의가 극한까지 발전하면 사회주의의 가능성이 성장해 새로운 사회로 이행한다는 전망은 결정적인 타격을 입었다. 그리고 나서 30여 년이 지난 지금 우리는 신자유주의에 황혼이 드리우는 상황을 지켜보고 있다. 돌아온 이 위기의 시대에 사회주의 이념–운동이 다시 찾아야 할 새 출발점은 분명하다. 그곳은 30여 년 전의 시도들이 패배한 그 자리다.

제3의 흐름들

1929년에 소련에서 추방당한 혁명 지도자 트로츠키는 8년 뒤 서방에서 발표한 저서《
배반당한 혁명 : 소비에트연방은 무엇이며 어디로 가고 있는가?The Revolution Be-
trayed : What is the Soviet Union and Where is It Going?》의 결론 부분에서 이렇
게 주장했다. "관료적 전제 체제는 소비에트 민주주의로 대체되어야 한다. 비판의 자유
를 회복시키고 진정으로 자유로운 선거를 실시하는 것이 나라의 발전에 필요한 조건이
다. 이것은 볼셰비키당을 비롯한 소비에트 내 정당들의 자유로운 활동을 회복시키고 노
동조합을 부활시키는 것을 의미한다. 산업 활동에 민주주의를 도입한다는 것은 근로 대
중의 이해에 부합하도록 기존 계획을 근본적으로 수정한다는 것을 의미한다."
스탈린 일파가 이끌던 당시 소련에서 이 정도 변화를 이루려면 혁명이 다시 일어나지 않
으면 안 되었다. 트로츠키의 결론도 그러했다. 소련은 "관료 지배로 퇴행한 노동자 국
가"이기 때문에 노동자 민주주의를 회복하는 정치 혁명이 있어야 한다는 것이었다. 이
렇게 혁명이 다시 필요하게 되기 전에 트로츠키 자신이 다른 공산당 지도자들과 함께 소
비에트 민주주의를 훼손하는 결정을 내리지 않았더라면 더 좋았을 것이다. 혁명 '배반'
의 주체가 꼭 스탈린 일파만이라고 하기에는 실제 역사가 좀 더 복잡했다. 하지만 레닌
과 함께 10월혁명의 가장 뛰어난 지도자였던 인물의 이 고발을 계기로, 혁명 노선을 견
지하면서도 현존 사회주의 체제를 비판한다는 게 현실에서 가능한 한 선택지가 되었다
는 사실만은 부정할 수 없다. 사실상 스탈린주의와 동의어가 돼버린 '공산주의'에도 속
하지 않고 혁명 노선이라는 점에서 '사회민주주의'와도 뚜렷이 구별되는 제3의 흐름이
처음 본격적으로 등장한 것이다.
트로츠키주의 안에도 다양한 흐름들이 존재한다. 그중에는 자신들이 비판하는 스탈린
주의와 거의 다르지 않은 교조주의나 권위주의를 단지 작은 규모로 반복할 뿐인 무리들
도 많다. 하지만 말년의 트로츠키가 연 사유 공간, 즉 사회민주주의도 아니고 현실사회

주의도 아닌 길에 대한 모색은 다양한 창조적 사색과 실천을 자극하기도 했다. 벨기에의 트로츠키주의자 에르네스트 만델Ernest Mandel은 서구의 조건에 맞는 혁명 전략을 탐색했고 그 과정에서 탈자본주의 구조 개혁 구상을 내놓았다. 미국에서 활동한 핼 드레이퍼Hal Draper는 〈사회주의의 두 영혼The Two Souls of Socialism〉(1966)에서 사회주의운동 전체를 '위로부터의 사회주의'와 '아래로부터의 사회주의'로 구별하는 시각을 제시했다. 너무 단순한 분류로 보이기도 하지만, 어쨌든 국가사회주의에 대한 선구적 비판이라 할 수 있다. 모종의 트로츠키주의자로 출발한 코르넬리우스 카스토리아디스Cornelius Castoriadis나 라야 두나예프스카야Raya Dunayevskaya, C. L. R. 제임스 등은 좁은 의미의 트로츠키주의를 뛰어넘는 혁신적 사상을 향해 나아갔다.

트로츠키주의 말고도 마오주의, 카스트로주의 등이 그 발상지인 중국, 쿠바의 바깥에서 이와 비슷한 역할을 했다. 마오주의자나 카스트로주의자가 되는 것은 친소련파 공산당을 따르지 않으면서 혁명가가 되는 한 가지 방법이었다. 또한 이탈리아 공산당, 프랑스 공산당, 스페인 공산당 등이 1970년대를 기점으로 소련의 영향력에서 벗어나 독자 노선을 표방하고 나서자 이들을 통칭하는 '유럽 공산주의Eurocommunism' 역시 '제3의 길'의 대표적 흐름으로 인정받게 되었다.

하지만 가장 혁신적인 흐름으로는 역시 1950년대 이후 자본주의 중심부 곳곳에서 등장한 '신좌파New Left' 세력들을 들어야 할 것이다. 신좌파는 넓은 맥락에서는 1960년대의 급진적 학생운동을 통해 등장한 세대 전체를 뜻한다. 그러나 본래는 사회민주주의와 스탈린주의라는 양대 조류뿐만 아니라 트로츠키주의나 마오주의에도 구애받지 않으면서 독창적인 비판과 대안을 제시한 좌파 흐름들을 의미한다. 비판 이론을 전개한 프랑크푸르트학파나 죄르지 루카치György Lukács와 그의 제자들로 이뤄진 부다페스트학파, 사회주의와 기독교 정신의 만남을 추구한 독일 철학자 에른스트 블로흐Ernst Bloch 등이 신좌파의 사상적 대표자들이다. 보다 실천적인 활동을 전개한 예로는, 로버트 오언에서 윌리엄 모리스, 길드 사회주의로 이어지는 민주적·다원적 사회주의 전통을 되살린 영국의 신좌파 그룹(역사학자이자 반핵운동가인 E. P. 톰슨Edward Palmer Thompson

과 문화 이론가이자 생태사회주의의 선구자인 레이먼드 윌리엄스Raymond Williams, 현 영국 노동당 대표의 아버지이기도 한 정치학자 랠프 밀리밴드Ralph Miliband가 대표적 인물들이다)이나 이탈리아 공산당의 잉그라오 좌파 중 일부(로산나 로산다Rossana Rossanda, 루초 마그리Lucio Magri, 루차나 카스텔리나Luciana Castellina 등)가 소련의 체코슬로바키아 침공에 대한 비판 때문에 당에서 쫓겨난 뒤 독자 정치 활동을 위해 결성한 '선언Il Manifesto' 그룹 등을 들 수 있다. '비개혁주의적 개혁' 구상을 제시한 앙드레 고르 역시 프랑스의 대표적인 신좌파 사상가라 할 수 있다.

3장

성찰과 모색

성찰 1—'사회' 중심 사회주의

20세기를 거치면서 '사회주의'는 시장 중심 자본주의와 대비되는 모종의 국가 중심 체제를 뜻하는 말이 되어버렸다. 정치적 실천에 나설 것을 촉구한 마르크스, 엥겔스의 사상은 제2인터내셔널을 거치면서 국가권력을 통한 '위로부터의' 사회 변화를 옹호하는 이념으로 해석되기 시작했다. 혁명 러시아는 이런 흐름을 하나의 모델로 정형화했다. 당–국가와 명령경제라는 두 축으로 구성된 국가사회주의 모델이 등장했다. 서구 사회민주주의 역시 그들만의 연성 국가사회주의를 발전시켰다. 그들의 '사회주의'는 일단 복지국가를 성취한 뒤에는 국가 관리 자본주의 정도로 의미가 축소됐다. 소련식 국가사회주의의 전통 또한 지금 중국에서는 국가자본주의의 한 구성 요소가 되었다. 현실이 이렇다 보니 누구나 '사회주의'라는 말에서 ('자본'과 쌍을 이루는) '국가(기구)'부터 떠올린다. 그래서 현대의 많은 좌파 이론가들은 아예 '사회주의＝국가주의'라는 정의定義를 인정해버린다. 그러고는 이와 구별되는 대안에 붙일 이름으로 '코뮌주의' 등을 내세운다(가령 안토니오 네그리 Antonio Negri나 알랭 바디우Alain Badiou 등).

하지만 단순히 새로운 단어를 찾는다고 해결될 문제는 아니다. 정통 마르크스주의에서 '프롤레타리아 독재' 개념이 끼친 영향이나 서구 사회민주주의와 자유주의적 정치 형식의 결합을 근본적으로 재검토할 필요가 있다. 사실은 이미 지난 세기 초에도 비슷한 문제를 제기한 사람들이 있었고, 이런 고민이 다양한 대안 사회주의 조류들로 발전하기도 했다. 비록 정통 마르크스주의가 지배종種 노릇을 하기는 했어도 지금 우리의 생각보다는 훨씬 더 다채로운 사상의 생태계가 존재했다.

저명한 철학자이자 독창적 사회주의 사상가이기도 했던 버트런드 러셀은 1918년에 낸 사회주의 입문서《자유로 가는 길Roads to Freedom》에서 마르크스주의, 아나키즘 그리고 생디칼리슴Syndicalism을 자본주의 사회 변혁을 추구하는 대등한 세 흐름으로 소개했다. 그중 생디칼리슴은 직역하면 '노동조합주의'인데, 프랑스의 혁명적 노동조합운동(노동총동맹CGT)에서 탄생했다. 생디칼리스트들의 핵심 주장은 '국가'가 아니라 '노동조합'이 변혁 과정과 새 사회 운영의 주역이 되어야 한다는 것이었다. 현실의 직업별·산업

생디칼리슴 포스터

별 노동조합들이 과연 그런 역할을 맡을 수 있을지를 두고 당시에도 이견이 많았다. 하지만 노동자들의 자주적 결사체가 생산 현장의 주인공이 되어야 한다는 점에는 폭넓은 공감대가 형성되었다. 그것이 노동조합이든 아니면 전혀 새로운 형태의 조직이든 말이다.

가령 영국에서 등장한 길드 사회주의Guild Socialism는 생디칼리슴의 문제제기를 받아들이면서도 이를 새롭게 재구성했다. 길드 사회주의자들은 자본주의 이후 사회의 토대 역할을 할 노동자 자치 기구를 현존 노동조합과 분명히 구별했다. 그들은 중세 동업조합의 옛 이름을 활용해 이 결사체를 '길드guilds'라 명명했다. 혁명 중에 러시아에서는 공장위원회가 등장했고, 러시아혁명의 여파 속에 독일, 이탈리아에서도 노동조합과 별개로 공장평의회factory councils가 조직됐다. 저마다 이름은 조금씩 달랐지만 노동자 스스로 기업을 관리하기 위해 만든 조직들이었다.

그러자 마르크스주의 쪽에서도 이를 대안 사회의 기본 세포로 바라보는 흐름이 나타났다. 앞에서 살펴본 것처럼, 한때는 레닌도 '노동자 관리'라는 슬로건 아래 이런 흐름에 함께했다. 이탈리아의 산업 도시 토리노에서《신질서L'Ordine nuovo》라는 정기간행물을 내던 안토니오 그람시Antonio Gramsci(1891~1937), 팔미로 톨리아티Palmiro Togliatti 등의 청년 사회주의자 그룹은 1919년과 1920년에 걸쳐 이 도시의 금속 작업장(대표적으로는 피아트FIAT 자동차 공

그람시

128

자주관리 체제의 한계와 모순

구 유고연방에서 청년 실업 문제가 발생했는데, 그 밑바탕에는 노동자 자주관리 기업의 한계가 있었다. 인원 확대가 기존 회사 구성원들에게 돌아갈 몫을 줄일 수 있다는 우려 때문에 노동자들이 신규 채용에 대해 보수적인 결정을 내리는 경향이 있었던 것이다. 이에 대한 대안으로 팻 데바인은 산업별 노동조합, 중앙정부나 지방자치단체, 소비자, 지역사회 등의 대표자들도 함께 경영에 참여할 것을 제안한다. 즉 해당 기업 노동자만이 아니라 다양한 이해당사자가 공동 경영을 해야 한다는 것이다. 그래야 소속 기업만이 아니라 사회 전체를 조망하면서 자주 경영을 펼칠 수 있을 것이다.

장)을 휩쓴 공장평의회 운동에 결합했다. 독일, 네덜란드 등에서도 '평의회 마르크스주의'가 등장했다. 그들은 일찍부터 러시아혁명의 변질을 비판하며 노동자평의회가 새 사회의 출발점이 되어야 한다고 주장했다. 노동자 협동조합이라는 19세기 사회주의운동의 이상이 20세기 벽두에 다양한 이름의 노동자 자치 조직들로 되살아난 것이다. 이전 세기 사회주의운동에서 당연하게 여겼듯이, 이들 노동자 자치 운동에서도 '자본'을 대체해야 할 것은 '사회'이지 그 대리자인 '국가'가 아니었다. 노동자 자치 기구들은 바로 노동 현장에서 '사회'를 실체화하기 위한 조직들이었다.

현실사회주의 국가들 중에도 이런 방향으로 나아가려 한 한 나라가 있었다. 옛 유고슬라비아연방 이야기다. 스탈린과 번번이 충돌한 요시프 티토Josip Broz Tito(1892~1980)의 유고슬라비아 정부는 소련, 동유럽 블록에서 빠져나왔을 뿐만 아니라 소련 모델로부터도 벗어나기로 결단했다. 그래서 1950년 국영기업의 경영권을 국가기구로부터 기업 내의 노동자평의회로 이양했다. 1953년 채택한 헌법은 유고슬라비아가 '노동자 자주관리self-management'에 바탕을 둔 사회주의 체제라고 선포했다. 공산당이 '공산주의자동맹'으로 이름만 바꾼 채 여전히 일당 통치를 유지했지만, 어쨌든 기업에서는 노동자가 투표로 결정권을 행사했다.

물론 모든 체제가 다 그렇듯이 자주관리 체제에도 특유의 한계와 모순이 나타났다. 노동자들은 과거의 자본가와 마찬가지로 자

자주관리 사회주의 실험 역시 결산도 못하고 마감됐지만 노동자가 경영하는 기업들로 이루어진 체제가 수십 년간 지속되었다는 것 자체가 역사적 성과였다. 유고슬라비아의 시도는 우리가 돌아가야 할 출발점을 가리킨다. 21세기 사회주의는 자주관리 사회주의가 멈춘 그곳에서 다시 시작해야 한다.

기 회사의 경제적 성과를 극대화하는 방향에서 결정을 내리곤 했다. 한 가지 예를 들면, 각 기업이 인건비 절약을 위해 신규 채용을 충분히 늘리지 않는 경향이 있어서 국민경제 차원에서는 일자리 부족 현상이 나타나기도 했다. 유고슬라비아가 노동자 자주관리와 함께 시장 경쟁 체제를 받아들인 탓에 이런 문제는 더욱 심각해졌다. 자본주의사회의 다른 구성 요소들을 그대로 둔 채 기업에서만 노동자 자치를 실시하는 것으로는 부족하다는 점이 드러났다. 더구나 안타깝게도 유고슬라비아연방은 민족 간의 충돌로 1992년 지도 위에서 사라져버렸다. 이와 함께 자주관리 사회주의 실험 역시 결산도 못하고 마감됐다. 하지만 노동자가 경영하는 기업들로 이루어진 체제가 수십 년 동안 지속되었다는 것 자체가 역사적 성과였다. 최소한 그런 체제가 존속할 수 있다는 사실은 증명한 셈이다. 20세기의 여러 경험들 중 소련 모델은 우리가 하지 말아야 할 것을 말해준다. 하지만 유고슬라비아의 시도는 우리가 돌아가야 할 출발점을 가리킨다. 21세기 사회주의는 자주관리 사회주의가 멈춘 바로 그곳에서 다시 시작해야 한다.

지난 세기의 선구적인 시도들 중에는, 앞에서 잠시 소개한 스웨덴의 임노동자기금 구상도 있다. 1970년대에 등장한 구조 개혁 대안들의 경우에도 자본을 사회의 품으로 되돌릴 주된 방법은 국유화였다. 물론 이제까지 공공부문을 지배해온 관료적 경영을 비판하면서 노동자가 경영의 주체가 되어야 한다는 목소리도 있었다. 잊고 있던 '노동자 관리worker's control'라는 구호가 부활했고, 유고슬라비아의 영향으로 '자주관리autogestion'라는 말이 유행하기도 했다. 하지만 사적 자본의 지배를 해체할 방안은 곧 국유화라는 20세기 사회주의의 상식에서 크게 벗어나지는 못했다.

이런 상식을 과감히 뛰어넘은 유일한 사례가 임노동자기금 구상이었다. 이 제안은 스웨덴 특유의 임금협상 체계인 연대임금제의 부작용을 어떻게 해결할지 고민하는 가운데 등장했다. 연대임금제의 골자는 전체 노동자의 임금 인상률을 최대한 일치시킨다는 것이었다. 덕분에 대기업에서는 임금 인상이 억제되는 효과가 있었고, 이에 따라 자본에게 돌아가는 몫이 늘어났다. 이른바 '초과이윤'이었다. 스웨덴 대자본이 다른 선진국 자본보다 더 빠른 속도로 축적할 수 있었던 까닭은 상당 부분 이 초과이윤 때문이었다. 스웨덴 금속노동조합은 연대임금제의 설계자 중 한 명인 루돌프 메이드네르Rudolf Meidner(1914~2005)에게 이런 부작용의 해결 방안을 의뢰했다.

메이드네르는 비그포르스의 노선을 계승한 인물이었다. 그는 초과이윤 문제의 해결이 기업 안의 자본-노동 세력 관계를 역전시키는 계기가 되길 바랐다. 그는 초과이윤을 인정하는 대신 기업이 그만큼 신규 주식을 발행하게 하자고 제안했다. 신규 주식은 노동조합이 소유한 임노동자기금에 고스란히 적립된다. 이 과정이 일정 기간 지속되면 결국에 가서는 임노동자기금이 대다수 기

업의 지배 주주가 된다. 임노동자기금의 소유주는 조합원인 노동
자들이다. 즉 미래에 스웨덴에서는 노동자들이 지배 주주로서 기
업 경영을 주도하게 된다. 이것이 메이드네르가 제안하고 금속노
동조합이 채택한 임노동자기금 안이었다.

　이것은 분명 자본의 상당 부분을 사회에 환원하는 조치였다.
'사회화'였다. 하지만 '국유화'는 아니었다. 국가기구가 아니라
노동조합이 이행의 관리자가 되게 하려는 안이었고, 국영기업이
아니라 노동자 경영 기업이 대안이라는 발상이었다. 물론 임노동
자기금 구상은 자본 진영의 거센 반발로 좌절되고 말았다. 또한
이 안 자체의 한계와 모순도 없지 않았다. 하지만 이제까지 사회주
의운동의 역사에서 국유화 아닌 사회화 방안으로는 가장 앞선 시도임
에 틀림없다. "마르크스의 주장과 대체로 일치하면서 동시에 자
본가계급의 권력을 평화적으로 사들일 수 있는 방법"이라는 데
이비드 하비David Harvey의 평가처럼, 이것은 21세기 현재에도 충
분히 혁신적이다.

기업 수준의 노동자 자주 경영을 넘어 전 사회적 민중 자치로

하지만 노동자 자치는 어쨌든 첫걸음일 뿐이다. 기업은 사회의 가
장 중요한 조직 중 하나이지만, 사회는 생산 활동으로만 굴러가진
않는다. 인간 생활의 모든 영역에서 '사회'의 힘에 형태를 부여하

임노동자기금 안은 자본의 상당 부분을 사회에 환원하는 조치였다. 국가기구가 아니라 노동조합이 이행의 관리자가 되게 하려는 안이었고, 국영기업이 아니라 노동자 경영 기업이 대안이라는 발상이었다. 이제까지 사회주의 운동의 역사에서 국유화 아닌 사회화 방안으로는 가장 앞선 시도였다.

는 자치 조직을 결성해 서로 연계하며 활동해야 한다. 1972년 10월 칠레에서는 아옌데 정부에 맞서 자본가 파업이 벌어졌다. 대부분의 공장이 가동을 중단했고 유통망도 막혔다. 그러자 노동자들은 자주 경영 조직('산업조정위원회'라는 뜻의 '산업 코르돈Cordones Industriales'이라 불렸다)을 만들어 스스로 생산을 재개했다. 공장 단위 조직뿐만 아니라 공단 수준의 조정 기구도 만들었다. 기업 사이의 생산 연계를 복구하기 위해 현재 인터넷의 선구적인 형태인 전자정보통신망을 활용하기도 했다. 생산 현장만이 아니었다. 각 지역에도 주민 자치 조직('자치 지도부Comandos Comunales'라 불렸다)이 결성됐다. 이들 조직은 기존 상업 유통망 대신 생활필수품 공급을 책임졌다. 당시 칠레에서는 이러한 풀뿌리 조직들을 '민중 권력 기구'라 통칭했다. 이러한 민중 권력의 예기치 않은 등장 덕분에 자본가 파업은 실패로 끝났다.

　칠레에서 등장한 이 예외적 상황은 길드 사회주의의 대표적 이론가 조지 더글러스 하워드 콜George Douglas Howard Cole(1889~1959)의 대안 사회 구상(1920년도 저작인《길드 사회주의 재론Guild Socialism Re-stated》에 정리된)을 떠올리게 한다. 출발점은 개별 기업의 노동자 자치다. 그런데 유고슬라비아의 자주관리 체제와 달리 콜의 구상은 한 걸음 더 나아간다. 기업의 노동자들은 대표를 선출해 길드를 결성한다. 길드는 산업 전체 수준의 노동자 자치 기구다. 노동자 대표들로 구성된 산업별 전국 길드가 해당 산업의 생산 계

G. D. H. 콜

콜의 길드 사회주의 구상의 근본 문제의식은 적극 재평가해야 한다. 인간 활동의 모든 영역에서 '사회'의 역량을 실체화하고 의지를 대변할 자발적 조직들을 결성해야 한다는 것 그리고 자본이나 국가의 명령이 아니라 이들 조직 사이의 협력을 우리 삶의 주된 운영 원리로 삼아야 한다는 것이다.

획을 수립, 집행한다. 산업별 전국 길드들은 다시 산업길드회의에 대표를 보내 경제 전체의 생산 계획을 심의 · 결정한다. 이에 더해 콜은 생산 현장뿐만 아니라 소비 영역에서도 민중 자치 기구를 조직해야 한다고 주장했다. 소비자 길드가 있어야 하는 것이다. 또한 교육, 보건 등의 영역에서는 저마다의 특성에 맞게 별도의 이용자 결사체들이 결성돼야 한다. 그래서 이들 조직과 생산자 길드의 협상과 합의를 통해 경제 전체의 계획을 수립해야 한다.

이제 시장 활동은 다양한 사회 조직들 사이의 협력 과정에 종속된다. 소련 모델에서 중앙 계획 기구가 '위로부터' 수행하는 역할을 콜의 길드 사회주의에서는 민중 자치 기구들이 협상과 합의를 통해 '아래로부터' 수행하는 것이다. 러셀은 이런 길드 사회주의야말로 "실현 가능한 최선의 체제"(《자유로 가는 길》)라고 평가했다.

물론 콜의 길드 사회주의 구상에 대해서는 여러 이론異論이 있을 수 있다. 가령 복잡한 현대사회에서는 국가기구가 수행해야 할 몫이 여전히 많다고 이의를 제기할 수 있다. 적어도 한 세기 전에 콜이 생각했던 정도보다는 많을 것이다. 하지만 콜의 근본 문제의식은 적극 재평가해야 한다. 생산 단위를 비롯해 인간 활동의 모든 영역에서 '사회'의 역량을 실체화하고 의지를 대변할 자발적 조직들을 결성해야 한다는 것 그리고 자본이나 국가의 명령이 아니라 이들 조직 사이의 협력을 우리 삶의 주된 운영 원리로 삼아야 한다는 것이다. 이런 방향에 따라 조직된 사회라면, 국가사회주의 모델들과는 달리, 자본주의보다 더 다원적인 성격을 지닐 것이다. 국가기구만이 아니라 다양한 민중 결사체로 권력이 분산될 것이기 때문이다.

　오늘날 탈자본주의 대안 사회의 기본 방향을 고민하는 많은 이들이 바로 이 문제의식을 출발점으로 삼고 있다. 팻 데바인Pat Devine의 '참여 계획Participatory Planning' 구상이 그러하고(《민주주의와 경제계획Democracy and Economic Planning》(1988)), 마이클 앨버트Michael Albert의 '참여 경제PARECON' 모델이 그러하다(《파레콘 : 자본주의 이후의 삶Parecon : Life After Capitalism(2002)). 미국의 좌파 사회학자 E. O. 라이트Erik Olin Wright도 이제까지의 '국가' 중심 사회주의 대신 '사회' 중심 사회주의를 주창한다. 요점은 '사회 권력'에 '경제 권력' '국가 권력'이 종속돼야 한다는 것이다. "생산수단이 사회적으로 소유되고 '사회 권력'의 행사를 통해 상이한 사회적 목적을 위한 자원의 배분과 사용이 실행되어야 한다"(《리얼 유토피아Envisioning Real Utopia》(2010)). 본래 그래서 '사회'주의다. 이 원점을 재확인하기 위해 현대 문명은 너무 긴 우회로를 걸어온 셈이다.

2

성찰 2─경제적 합리성에서 사회적, 생태적 합리성으로

20세기 사회주의의 또 다른 주요 구성 요소 중 하나는 산업 문명의 '성장' 신화였다. 정통 마르크스주의자들은 마르크스, 엥겔스의 역사유물론에서 생산력 발전을 강조한 대목을 부각시켰다. 자본주의의 부단한 발전은 역사의 필연이며 사회주의-코뮌주의가 그 성과를 이어받는다는 생각이 세계 사회주의운동의 기본 상식이 되었다. 러시아에 처음 등장하고 나중에는 러시아보다도 자본주의 발전이 더딘 지역에 들어선 혁명 정권들이 스탈린주의 모델을 통해 비약적인 경제성장을 추구하면서 이런 추세는 더욱 확고해졌다. 많은 경우에 사회주의는 '자본주의보다 더 빨리 자본주의의 성취에 도달할 방도'로 여겨졌다. 2차대전 후 자본주의 중심부에서 케인스주의를 바탕으로 구축된 자유주의-사회민주주의 연합 역시 '성장 동맹'이었다. 이 타협의 토대는 지속적인 자본축적과 완전 고용을 동시에 보장하는 것이었다. 20세기 사회주의의 여러 흐름이 하나같이 모종의 국가 중심 체제를 지향한 것 역시 이런 우리 시대의 사회주의는 '사회' 중심 사회주의여야 한다. 그런데 이는 한 사회의 기본 골격에 대한 논의일 뿐이며, 여기에는 어떠한 집단적 삶을 영위할지에 대한 이야기는 빠져 있다. 각 개인이 바라는 좋은 삶은 무엇이고 그에 따른 사회 전반의 목표는 무엇인지는 빈 칸으로 남아 있다.

사정과 무관하지 않았다. 산업 발전 초기나 전후 복구기에 자원을 대규모로 동원해 빠른 양적 성장을 달성하는 데는 국가기구의 명령 체계만큼 효과적인 수단도 달리 없었던 것이다.

과연 이런 식의 사회주의가 21세기에도 대안이 될 수 있을까? 앞에서 우리 시대의 사회주의는 '사회' 중심 사회주의여야 한다는 점을 살펴보았다. 그런데 이는 사실 한 사회의 기본 골격에 대한 논의일 뿐이다. 정작 이런 골격으로 어떠한 집단적 삶을 영위할지에 대한 이야기는 빠져 있다. 각 개인이 바라는 좋은 삶은 무엇이고 그에 따른 사회 전반의 목표는 무엇인지는 빈 칸으로 남아 있다. 이제까지의 사회주의 체제에서는 이 내용이 자본주의의 성공-성장 신화와 크게 다르지 않았던 셈이다.

자본주의와 국가사회주의는 서구 근대 문명이 낳은 쌍생아와도 같았다. 오늘날 새로 출발하는 사회주의 이념-운동에서도 이 관성이 유지된다면, 어떻게 될까? 가령 여전히 성장 신화가 만인의 꿈의 지반인 상황에서 노동자 자주 경영을 추진한다면? 지금 당장 자동차 공장에서 노동자가 경영 방침을 결정한다면? 더 극단적인 예로, 노동자가 원자력발전소를 운영한다면? 아마도 노동자들은 승용차 수출 경쟁이나 원전 추가 건설을 고민할 것이다. 자본가 대신 자본가들의 고민을 짊어질 것이다. 경쟁에서 '살아남기' 위해 노동자 스스로 과잉 노동 쪽에 표를 던질지도 모른다. 이런 상태를 좀 더 '민주적'인 자본주의라 할 수는 있겠지만, 과거 사회주의의 한계를 뛰어넘는 대안은 결코 아니다.

더구나 19세기 유럽인들의 몽상과는 달리 지구 혹성 위에서 자본주의의 무한 성장은 불가능하다. 지난 세기 후반부터 자본주의의 지속 성장과 지구 생태계가 빚는 긴장과 충돌이 눈에 보이기 시작했다. 공업 발전은 심각한 오염을 수반했다. 농업 혁명의 기반이 된 농약과 화학 비료도 생태계를 파괴한다는 사실이 드러났다. 더 충격적인 것은 화석 에너지 고갈이었다. 1970년대 오일 쇼크를 통해 세계인은 값싼 석유 자원에는 한계가 있다는 것을 체감했다. 그 대안으로 선전되던 핵 발전은 체르노빌과 후쿠시마의 참사로 무시무시한 실체를 드러냈다. 그런데 오일 쇼크 와중에, 인간 사회는 이미 그 전부터 심각한 에너지 위기 상태에 있었다고 주장한 사람이 있다. 바로 가톨릭 사제 출신의 독창적 사상가 이반 일리치Ivan Illich(1926~2002)이다. 그는 "고도의 에너지 사용량에 의해 사회의 붕괴가 시작되는 한계"는 "에너지의 전환이 물질적인 파괴를 낳는 한계"와는 다르다고 지적했다[《에너지와 평등 Energy and Equity》(1974)]. 전자가 후자보다 먼저 엄습한다. 오일 쇼크는 후자의 한계가 가시화된 것이었으며 선진 자본주의사회는 이미 전자의 한계에 직면한 상태였다. 즉 에너지 과잉 사용으로 사회의 붕괴가 진행되는 중이었다.

일리치는 산업 문명의 발전을 근본적으로 재검토했다. 그는 모든 과학기술 발전에는 반드시 두 개의 분수령이 있다고 주장했다.

이반 일리치

첫 번째 분수령은 과학기술의 발전이 인간 사회의 고통을 경감시키고 실질적인 이득을 가져다주는 단계다. 일리치는 의학 발전에 있어서 20세기 벽두가 이 첫 번째 분수령에 해당한다고 분석했다. 이 시기에 과학적인 질병 연구가 집중적으로 이뤄졌고 이를 바탕으로 현대 의료 체계가 등장했다. 이는 결국 유아 사망률과 전염병 발병률의 획기적 감소로 이어졌다. 교통의 경우에는 증기기관차와 철도가 도입된 시점이 이런 첫 번째 분수령에 해당했다. 덕분에 그간 특권층이 마차를 통해 누리던 편리를 대중도 향유하게 됐다. 그런데 일단 산업화한 과학기술은 이제 '발전' 자체를 자신의 목적으로 삼게 된다. 대량 육성된 특정 과학기술 전문가들은 자신들이 속한 산업 체계의 끝없는 확장을 추구하기 시작한다. 다른 사회적 관심사는 이 한 가지 목표에 종속된다. 아니, 이 목표를 위해 새로운 사회적 관심사를 만들어낸다. 현대 의료 체계는 이제 질병을 줄이기는커녕 오히려 새 질병들을 생산한다. 그래야 의료 산업을 끝없이 확장할 수 있기 때문이다. 이 단계가 되면 의료 덕분에 대중의 건강이 향상되는 것이 아니라 불평등만 늘어난다.

이것이 일리치가 말하는 과학기술 발전의 두 번째 분수령이다. 의료의 경우는 2차대전 후에 미국에서부터 이런 국면이 펼쳐졌다고 한다. 교통의 경우 이 단계에서 승용차가 등장해 속도 경쟁을 벌이기 시작했다. 일리치는 1970년대 시점에 자본주의 중심부에서는 이미 대다수 산업 영역이 두 번째 분수령을 넘어섰다고 진

개인 혹은 사회의 다른 영역이 구사하던 능력이 산업으로 이양돼 이제 산업의 작동 없이는 사회가 역량을 발휘할 수 없는 상태가 근본적 독점이다. 이 근본적 독점의 인식이야말로 기존 사회주의에 대한 일리치의 통렬한 비판이자 그 반성에 대한 결정적인 기여다.

단했다. 에너지 사용도 한 가지 사례였다. 일리치가 보기에 서구 사회는 화석 에너지 고갈에 봉착하기 이전에 이미 에너지 사용의 두 번째 분수령을 지난 상태였다.

앞의 논의에서도 알 수 있듯이, 일리치는 결코 발전 자체를 거부하는 원시 회귀론자는 아니었다. 자신이 "첫 번째 분수령"이라 칭한 상태로 발전하는 과학기술을 긍정했다. 그러나 제한 없는 진보의 신화는 거부했다. 굳이 마르크스주의의 용어로 말한다면, 일리치는 생산력의 지속 발전이 새로운 사회의 토대가 된다는 상식을 해체하고 재구성했다. 일정한 생산력 발전은 필요하다. 그는 "과잉 산업화"한 나라들이 있는가 하면 "저설비" 상태의 나라들이 있다고 말했다. 그가 "저설비" 상태라고 말한 나라에 필요한 것은 산업 발전이다. 하지만 발전의 정도와 방향에는 자기 제한이 뒤따라야 한다. 두 번째 분수령에 도달하기 전에 발전을 스스로 중단시키는, 혹은 되돌리는 제한 말이다.

일리치는 산업 발전이 두 번째 분수령을 넘어서면 반드시 '근본적 독점'이 발생한다고 보았다. '근본적 독점'은 한 산업 내에서 특정 기업이 지배력을 행사하는 일반적인 '독점' 개념과는 구별되는, 산업 자체에 의한 인간 역량의 독점을 뜻한다. 개인 혹은 사회의 다른 영역이 구사하던 능력이 산업으로 이양돼 이제 산업의 작동 없이는 사회가 역량을 발휘할 수 없는 상태가 근본적 독점이다. 이 근본적 독점의 인식이야말로 기존 사회주의에 대한 일

미국의 도시 연구가이자 역사와 사회 전반에 대한 폭넓은 성찰을 남긴 대사상가다. 패트릭 게디스, 크로포트킨, 모리스, 베블런 등의 사상을 이어받아 더욱 발전시켰다. 특히 《기술과 문명》, 《기계의 신화》 등의 걸작을 통해 '거대 기계' 비판을 전개했다. 멈퍼드는 권력 독점과 기계 문명이 서로 결합해 '거대 기계'라는 자기 확장적 체계를 이루며 자본주의뿐만 아니라 현실사회주의 역시 이러한 '거대 기계'의 지배를 벗어나지 못했다고 비판했다. 기술 숭배에 대한 정연하고 근본적인 비판을 제시했다는 점에서 현대 생태사회주의의 결정적 선구자라 할 수 있다.

리치의 통렬한 비판이자 그 반성에 대한 결정적인 기여다. 마르크스, 엥겔스는 자본주의 아래서 발전한 생산력이 혁명 이후 고스란히 노동 대중의 사회적 역량으로 전환되리라 낙관했다. 이에 반해 일리치는 산업이 발전할수록 근본적 독점이 나타나므로 산업 조직이 어떤 소유 형태를 취하든(사적 소유든 국가 소유든) 이들 조직에 대한 개인의 종속은 쉽게 극복할 수 없다고 보았다. 산업 조직에 응축된 사회적 능력을 대중의 역량으로 되돌리기 쉽지 않다는 것이었다. 기술관료technocrat의 권력은 좀처럼 해체되지 않을 테고 민중의 삶의 자율성도 계속 제약될 거라는 진단이었다.

일리치가 제시한 대안은 산업 발전의 균형을 추구하자는 것이었다. 일리치 이전에 루이스 멈퍼드Lewis Mumford(1895~1990)도 현대 문명이 더 많은 진보가 아니라 환경, 산업, 인구의 역동적 균형을 지향해야 한다고 일갈한 바 있다(《기술과 문명Technics and Civilization》(1934)]. 일리치의 경우는 '다중 균형'을 제창했다. 서로 다른 여러 가치들을 동시에 충족시키는 균형이 필요하다는 것이었다. 대표적인 가치로 세 가지를 들었다. 첫째는 생존이다. 생존을 위해서 우리는 병원과 철도를 결코 버릴 수 없다. 둘째는 정의다. 정의를 위해서 우리에게는 무상 공공의료나 저렴한 공공교통 서비스가 필요하다. 여기까지는 이해하기 쉽다. 그런데 세 번째는 좀 아리송하다. 공생성conviviality이다. 사실 '공생성共生性'이란 번역어는 그다지 만족스럽지 않다. 영어 사전에서 이 단어를 찾아보면, "주

근본적 독점으로 인해 우리 삶의 자율성을 침해하지 않을 만큼 과학기술을 활용하는 것이 공생성이다. 생존, 정의 그리고 공생성이 교차하는 산업 발전의 다중 균형은 대중의 참여와 합의로 이뤄나갈 수밖에 없다. 새로운 사회의 토대는 생산력 발전의 균형을 찾아나가는 대중의 노력이다.

연酒宴, 주흥에 빠짐, 기분 좋음" 등으로 풀이한다. 일리치 자신이 영어에서 이 단어가 "여러 사람들이 어울려 술에 취해 알딸딸하게 기분 좋은 상태"를 뜻함을 환기시킨다[《공생을 위한 도구Tools for Conviviality》(1973)]. 여기에서 '술'을 산업 혹은 기술이라고 생각해 보자. 근본적 독점으로 인해 우리 삶의 자율성을 침해하지 않을 만큼, 즉 딱 "알딸딸하게 기분 좋을" 정도로 과학기술을 활용하는 것이 공생성이다.

"알딸딸하게 기분 좋을" 만큼의 음주량은 분명히 존재한다. 하지만 그게 어느 정도인지는 누가 알려줄 수 있는 게 아니다. 스스로 찾아야 한다. 즉 공생성의 기준은 전문가 엘리트가 말해줄 수 없고 민중 자신이 찾아나가야 한다. 그래서 생존, 정의 그리고 공생성이 교차하는 산업 발전의 다중 균형은 대중의 참여와 합의를 통해 이뤄나갈 수밖에 없다. 생산력의 무한 발전이 새로운 사회의 토대가 아니라는 얘기다. 그런 토대가 있다면, 다름 아닌 생산력 발전의 균형을 찾아나가는 대중의 노력이다.

마르크스의 '자유 시간' 그리고 일리치의 '자율성'

이 대목에서 앞에 나왔던 이름 하나가 다시 등장한다. 앙드레 고르다. 고르는 68혁명 이후 추진된 노동자 자주 경영 경험들에 실망하고 말았다. 작업장 질서는 이미 자본의 지배가 철저히 관철되도록 짜여 있어서 노동자들의 결정은 대개 기존 작업 기준들을 약간 완화하는 정도에 그쳤다. 노동자 쪽의 관심사는 대개 평소 노동조합을 통해 요구하던 임금 인상과 고용 안정에서 크게 벗어나지 못했다. (전투기 생산 라인 축소에 따른 사측의 감원 계획에 맞서 노동조합 현장위원들shop stewards이 유모차 등 사회적으로 필요한 품목의 대안 생산 계획을 제출한 1970년대 영국 루카스 비행기 회사Lucas Aerospace 사례도 있기는 하다. 하지만 이것은 자본주의 체제에서는 그야말로 예외에 해당하는 사건이었다.) 이러한 경험을 통해 고르는 "생산력이 발전하면 사회주의의 물적·사회적 토대가 마련된다"는 마르크스주의의 기본 명제를 회의하게 되었다. 그는 다음과 같은 결론에 도달했다.

자본주의의 생산력은 자본주의의 논리와 필요에 관련해서만 발전한다. 이 발전은 사회주의의 물적 토대를 만들어내지 못할 뿐 아니라 나아가 사회주의가 생겨나는 데 장애가 된다. 자본주의가 발전시킨 생산력에는 자본주의의 본성이 너무 깊이 각인되어 그 생산력은 사회적 합리성에 따라 경영될 수도, 작동될 수도 없다. 비록 사회주의가 존재하더라도, 이때의 생산력은 다시 해체되거나 변질될 것이다. 현재의 생산력에 맞춰 사고한다면 사회주의적 합리성을 정교하게 발전시키는 일, 심지어 그것을 개략적으로 생각하는 일조차 불가능하다. 〔《프롤레타리아여, 안녕Adieux au Prolétariat》(1980)〕

20세기 사회주의의 가장 중요한 상식 중 하나가 철저히 해체되는 순간이다. 고르는 마르크스가 자본주의 발전 과정으로부터 기대한 오직 한 가지 가능성만을 적극 계승했다. 자동화 기술의 확산에 따른 노동시간 단축과 자유 시간 확대 가능성이다. 고르가 보기에 서구 자본주의는 이미 20세기 말에 노동시간을 대폭 단축시켜 마르크스가 말한 "참된 자유의 나라"를 전면 확대할 수 있는 수준에 이르러 있었다. 구조적 실업의 증가가 이를 반증한다. 그런데도 이 가능성이 실현되지 못하는 까닭은 마르크스의 진단대로 자본의 지배 때문일 뿐만 아니라, 노동자들에게도 자본주의가 수반하는 경제적 합리성economic rationality이 깊이 뿌리내렸기 때문이다. 경제적 합리성은 노동자들에게 항상 더 많이 생산해야 한다고, 보다 많이 노동하라고 명령한다. 생산성 향상은 노동시간 단축이 아니라 더 많은 생산으로 이어져야 한다는 것이다. 경제적 합리성을 통해 노동자들은 자본의 끊임없는 성장 강박에 함께 휩쓸리게 된다. 자본에 맞서려면 노동자 스스로 이러한 경제적 합리성에서 벗어나야 한다. 고르에게 이제 사회주의는 자본주의 사회구조를 넘어설 뿐만 아니라 경제적 합리성을 제한하고 그 지배를 극복하는 이념-운동, 경제적 합리성의 지배 대신 사회적 합리성, 생태적 합리성을 추구하는 노력이어야 했다. 20세기에 사회주의운동을 자본주의의 운명에 속박해버린 성장 강박이라는 족쇄를 풀어내야 한다는 것이었다.

고르에게 사회주의는 자본주의 사회 구조를 넘어설 뿐만 아니라 경제적 합리성의 지배 대신 사회적 합리성, 생태적 합리성을 추구하는 노력이어야 했다. 마르크스의 '자유 시간' 구상에 일리치의 '자율성' 강조를 결합해 "더 적게 일하고 더 많이 자유로워지자"는 것이었다.

고르가 제시한 방향은 마르크스의 '자유 시간' 구상에 일리치의 '자율성' 강조를 결합하는 것이었다(마르크스-일리치 종합). 노동시간을 대폭 단축해 자유 시간을 늘리면서(마르크스) 산업 활동에 얽매이지 않은 자율 활동의 영역을 확대하자(일리치)는 것이었다. 한마디로, "더 적게 일하고 더 많이 자유로워지자"는 것이었다. 이것이 사회가 추구할 기본 목표가 되어야 한다. 기업 안의 노동자 자치도, 사회 전체에 걸친 대중의 참여와 합의도 모두 이 목표에 따라 이루어져야 한다.

이를테면, 노동자 경영 기업의 노동자들은 이윤 산정 중심의 회계가 아니라 노동시간-자유 시간의 균형에 초점을 맞춘 회계에 따라 토론하고 결정할 것이다. 경제계획은 과거 소련의 5개년 계획과는 달리 총생산량 증대가 아니라 자원 절약과 생산품의 품질 향상을 중심으로 수립될 것이다. 국가기구의 가장 중요한 과제는 성장이나 억압, 전쟁이 아니라 멈퍼드가 '기초 코뮌주의'라고 칭한 보편적인 기본 생계수단 제공(《기술과 문명》)이 될 것이다. 어쩌면 사회주의의 가장 근본적인 의미는 단적으로 '사회'가 '경제'보다 우위에 서고, '사회'가 '경제'를 다시 흡수하는 것이라고 말할 수도 있겠다. 다소 길지만, 사회주의에 대한 고르의 새로운 정의를 소개하며 끝맺겠다.

사회주의는 바로 그 태동기부터, 경쟁적 시장 관계로 자유로이 표출되는 경제적 합리성을 제한하는 것을 자신의 목표로 삼았다. (……) 경제적 합리성에 의해 형성되고 자본의 가치 형성을 위해 작동하는 사회관계가 우위를 점하고 개인의 삶과 활동, 그들의 가치 척도와 문화를 축조하는 한, 그 사회는 자본주의사회다. 자본의 경제적 합리성에 의해 형성된 사회관계가 수량화 불가능한 가치와 목표에 비해 종속적 위치를 차지하게 되고 이에 따라 사회생활과 각인의 삶에서 경제적 합리성에 따른 활동이 여러 중요한 행위들 중 단지 하나에 불과하게 될 때, 그 사회는 사회주의로 나아간다. 〔《자본주의, 사회주의, 생태주의Capitalisme, Socialisme, Écologie》(1991)〕

　사회주의는 의미의 지평이자 해방적 유토피아이지 특수한 사회 · 경제 체계system로 인식되어선 안 된다. 그 반대다. 사회주의는 사회를 하나의 체계로, 거대 기계로 만드는 모든 것을 폐지하면서 동시에 사회성sociability의 자주적이고 자율적인 형식을 확장함으로써 "개성의 자유로운 발전"이 가능하도록 만들려는 의식적인 정치적 프로젝트다. 이 점에서 사회주의와 코뮌주의의 유토피아적 내용에는 본질적 차이가 없다. 오늘날 우리에게 차이가 있다면, 다음과 같은 정도다. 코뮌주의는 "체제"가 "생활 세계"로 완전히 이양될 수 있고 심지어는 복잡한 산업사회도 키부츠처럼 자치를 실현하거나 자족적 코뮌으로 되돌아갈 수 있다고 상정하며 상품 관계, 임노동, 사회적 분업 그리고 국가행정과 통제의 완전한 제거를 지향한다. 반면 내 생각에 사회주의는 경제 및 행정 체계의 폐지가 아니라 단지 이들을 제한하고 생활세계에 구속시키는 것을 목표로 삼는다. 그래서 자기 결정에 기반한 삶의 사회적 형태와 개인적 형태가 서로 시너지를 이루도록 만들려는 것이다. (같은 책. 강조한 이는 원저자)

성찰 3— 누가 '사회'를 (재)조직하는 '정치'의 주역이 될 것인가

고르 이야기를 계속해보자. 그의 대표작 중 하나는 제목이 '프롤레타리아여, 안녕'이다. 작별 인사다. 노동계급이 사회주의의 첫째가는 주역이라는 전통적 관점에 작별을 고한 것이다. 정통 마르크스주의가 노동계급을 변혁의 주체로 본 주된 이유 중 하나는 그들이야말로 자본주의의 발전된 생산력을 대표하는 사회 세력이라는 점이었다. 그런데 위에서 본 것처럼 고르는 자본주의적 생산력이 새로운 사회의 토대가 된다는 기본 명제를 폐기했다. 그러니 당연히 이로부터 비롯된 노동계급에 대한 기대 역시 재고할 수밖에 없었던 것이다. 고르는 "전통적인 노동계급은 이제 특혜받은 소수층일 뿐"이라고 진단했다.

그럼 고르의 대안은 무엇인가? 그가 제시한 대안은 "후기산업사회의 신프롤레타리아"였다. 사실 이들도 넓은 의미의 프롤레타리아에 속한다. "불안정한 지위의 보조직, 기간직, 구舊기술의 노동직, 대체직, 파트타임직을 수행하는, 지위와 계급 없는 사람들"

프롤레타리아

자본주의 이전 시대의 수공업자나 소작농과는 달리 봉건적 굴레에 얽매여 있지 않지만 생산수단을 소유하지도 못해서 자본가에게 임노동자로 고용돼 먹고살 수밖에 없는 계급. 본래 고대 로마의 도시 빈민을 일컫는 말이었는데, 마르크스가 현대 임금 노동자들을 지칭하기 위해 사용했다. 한때는 거대 공장(대표적으로 자동차 공장)의 제조업 노동자가 프롤레타리아의 대표적인 형상이었다. 그러나 요즘은 오히려 대도시 슬럼 거주자들이 프롤레타리아 개념에 더 부합하는 것 아니냐는 이야기도 나온다. 어쩌면 어원(떠돌이 무산자)의 상태로 다시 돌아간 셈이다.

이다(《프롤레타리아여, 안녕》). 한국 사회의 유행어로 바꾸면, '비정규직' 혹은 '불안정 노동자'다. 최근 널리 회자되는 또 다른 이름은 '프레카리아트precariat'다. 전통적인 '프롤레타리아'와 대비하려고 '불안정하다'는 뜻의 precarious와 proletariat를 합성한 신조어다. 프레카리아트는 좁은 의미의 프롤레타리아와는 분명 다른 데가 있다. 무엇보다도 특정 작업장이나 지역에 뿌리내리는 전통적인 노동계급과 달리 늘 이동하며 살아간다는 점이 그렇다. 고르 이후 많은 이들이 미래 사회 변혁에서 프레카리아트가 보여줄 가능성에 주목해왔다. 2011년에 지중해 연안(튀니지, 이집트, 그리스, 스페인 등)에서 벌어진 점거 운동Occupy Movement을 보면, 분명 그런 가

2011년 점거 운동 당시 이집트 타흐리르 광장. 시위 저지를 목적으로 투입된 장갑차를 시민들이 점거했다
© Raoof

노동계급이 '사회'의 대표자로서, 그 역량과 의지의 담지자로서 변혁을 이끌어간다는 것은 사회주의 사조의 핵심 명제다. 그런데 지금 한국 사회에서는 도대체 노동'계급'이 존재하기는 하는지 물어야 할 형편이다. 한국에서 사회주의 이념-운동의 위기는 무엇보다 이 문제로부터 비롯된다.

능성이 없지 않은 것 같다. 하지만 과연 이동성 혹은 뿌리 없음 자체를 특징으로 하는 집단이 '사회'를 앞장서서 대표하고 운동의 중심에 서서 조직할 수 있을까? 답은 아직 알 수 없다.

눈을 한국 사회로 돌리면 더욱 답답해진다. 1987년 노동자대투쟁 이후 한동안 한국의 노동계급은 전 지구적 계급투쟁 전선의 가장 전투적인 부대로 주목받았다. 그런데 1997년 외환위기 이후 고용 불안이 심해지고 노동계급 내의 균열과 격차가 두드러지면서 상황은 반전됐다. 노동계급 안에서 투쟁력·협상력을 지닌 집단은 노동조합으로 조직된 대기업 정규직 노동자들이다. 하지만 그들은 역량을 자기 분파의 고용과 임금 수준을 유지하는 데에만 쏟고 있다. 이 핵심 분파 바깥의 다양한 노동 대중은, 비록 수는 많지만, 서로 고립된 상태에서 신자유주의적 자본주의의 수탈-착취 사슬에 묶여 있다. 노동계급이 '사회'의 대표자로서, 그 역량과 의지의 담지자로서 변혁을 이끌어간다는 것은 마르크스주의를 비롯해 대다수 사회주의 사조의 핵심 명제다. 그런데 지금 한국 사회에서는 다름 아닌 이 전망이 점점 더 설득력을 잃어가고 있다. 노동계급이 그런 역할을 수행할 수 있을지 회의하는 이들이 많아지고 있으며 사실은 도대체 (파편적이고 심지어 상호 대립하는 노동 대중의 여러 분파들 말고) 노동'계급'이 존재하기는 하는지 물어야 할 형편이다. 한국에서 사회주의 이념-운동의 위기는 무엇보다 이 문제로부터 비롯된다.

노동계급을 사회 변화의 주역으로 보는 전통적 시각을 고수하는 이들이 흔히 빠지기 쉬운 함정이 있다. 이른바 '경제'주의다. 경제주의적 실천을 통해 노동계급은 새로운 '사회'를 구성하는 것이 아니라 실은 자본주의적인 '경제'의 지배를 내면화하게 된다.

마르크스주의 내의 경제주의와 투쟁하기

이 얇은 책으로 이 물음에 답하기는 어렵다. 다만 과거 사회주의 운동에서 몇몇 참고할 만한 논의들을 검토해보고자 한다. 이 대목에서 먼저 확인해야 할 사항이 있다. 노동계급을 사회 변화의 주역으로 보는 전통적 시각을 고수하는 이들이 흔히 빠지기 쉬운 함정이 있다는 것이다. 바로 노동자들의 모든 일상 활동을 사회주의 운동과 동일시하는 태도 혹은 관성이다. 그러다 보면 경제적·분파적 이해 추구에서 비롯된 집단 행위도 '계급투쟁'의 이름으로 무작정 옹호하게 된다. 실은 그것들 중 상당수가 경제적 합리성에 갇혀 있고 노동자들을 자본주의 사회관계 안에 오히려 더 깊숙이 밀어 넣는 역할을 하는데도 말이다. 이것이 이른바 '경제'주의economism다. 경제주의적 실천을 통해 노동계급은 새로운 '사회'를 구성하는 것이 아니라 실은 자본주의적인 '경제'의 지배를 내면화하게 된다. 이것은 정통 마르크스주의의 고질병이기도 했다.

역설적으로, 역사상 가장 뛰어난 마르크스주의자들은 이런 유전 질환을 극복하기 위해 마르크스주의 내에서 일종의 종교개혁reformation을 단행한 인물들이었다. 어떤 점에서는 마르크스 자신부터가 그랬다. 노동계급에 대한 마르크스의 고민 속에는 경제주의의 여지뿐만 아니라 그에 대한 개혁의 씨앗 역시 잠복해 있었다. 그가 스물다섯 살 청년 시절에 처음으로 프롤레타리아에 주목하면서 염두에 둔 것은 생산력 발전 따위가 아니었다. 프롤레타리아야말로 "시민사회의 계급이 아니면서 시민사회의 한 계급"이라는 사실이었다(⟨헤겔 법철학 비판을 위하여. 서설Zur Kritik der Hegelschen Rechtsphilosophie. Einleitung⟩(1844)).

이 당시 대다수 노동자들은 시민사회(이 무렵 마르크스는 헤겔을 따라 이 말을 '자본주의 사회'라는 의미로 사용했다)가 존립하는 데 꼭 필요한 존재이면서도 시민사회의 이해관계 안에 통합돼 있지 않았다. 달리 말하면, 기존 사회의 이해관계로부터 자유로웠다. 이때 마르크스가 자신의 청년헤겔파 동지들과 함께 간절히 찾아 헤맸던 것은 독일에서 민주주의 혁명을 추진할 사회 세력이었다. 독일 부르주아는 대혁명 당시 프랑스 부르주아와는 달리 민주주의 혁명에 나설 의지도 역량도 없었다. 이미 자본-임노동 관계가 확산되어 그들의 이해관계가 국왕, 귀족의 억압적 지배 질서에 깊이 결박돼 있었기 때문이다. 마르크스가 노동계급에 눈길을 돌린 것은 그들이야말로 이러한 결박으로부터 자유로운 유일한 세력이라고 보았기 때문이었다. 새로운 혁명의 열쇠가 그들에게 있었다. 요점은 기존 사회의 이해관계로부터 떨어져 있는 '거리'에서 비롯되는 '자유'였다. 종국적 혁명의 전망을 노동계급의 자기 해방 과정과 동일시한 모든 시각의 원점이 여기에 있다.

그렇다면 사회주의와 노동계급의 관계에 대한 물음을 이렇게 던질 수도 있을 것이다. 오늘날 기성 사회로부터 떨어져 있는 '거

마르크스가 노동계급에 눈길을 돌린 이유는 기존 사회의 이해관계로부터 떨어져 있는 '거리'에서 비롯되는 '자유'였다. 그렇다면 사회주의와 노동계급의 관계에 대해 이렇게 물을 수도 있을 것이다. 오늘날 기성 사회로부터 떨어져 있는 '거리'에서 비롯되는 이러한 '자유'를 체현하는 세력은 누구인가?

리'에서 비롯되는 이러한 '자유'를 체현하는 세력은 누구인가? 한 가지 분명히 짚어야 할 것은 노동자들의 일상 활동 목록 중 상당수가 이런 '자유'와는 거리가 멀다는 사실이다. 즉 경제주의는 애초에 마르크스가 노동계급으로 향했던 이유와는 대척점에 있는 것이다.

레닌도 종교개혁자들 중 한 명이었다. 어쩌면 가장 급진적인 개혁자였다. 그는 단도직입적으로 "'노동조합의 서기'가 될 것인가 아니면 '인민의 호민관'이 될 것인가"라고 물었다. 그에게 인민의 호민관이란 "현대 사회의 모든 계급들의 상호관계에 대한 충분하고 명료한 이해"를 갖고 "주민의 모든 계층 속에서" 선전과 선동을 펼치는 사람이었다. 그래서 레닌은 계급의식은 "오직 경제 투쟁의 '외부'에서" 성장할 수밖에 없다고 단언하기까지 했다(1902년도 저작인 《무엇을 할 것인가What Is to Be Done?》). 경제주의에 머문 상태에서 '노동계급'은 결코 곧바로 '사회'와 등치될 수 없다. 이런 상태의 노동계급은 단지 부르주아 자유주의 질서의 한 구성 요소일 뿐이다. 노동계급이 사회 전체 이익의 대변자로 나서려는 의식적이고 능동적인 노력을 기울여야 한다. 레닌은 이런 노력이 다름 아닌 '정치'라고 보았다. 마르크스, 엥겔스가 사회주의운동에 적극 도입한 '정치'에 더욱더 근본적인 의미를 부여한 것이다. 달리 말하면, 이런 '정치'가 없다면 노동계급을 중심으로 한 사회주의의 실현은 불가능하다.

'자본'을 대체할 '사회'를 구성하는 '정치'가 필요하다

이제 안토니오 그람시를 언급할 차례다. 《신질서》 편집자이자 이탈리아 공산당의 초기 지도자였던 그람시는 레닌의 문제의식을 이어받아 더욱 심화한 또 다른 개혁자였다. 우선 그의 고민은 이탈리아 자본주의의 역사적·구조적 특성에서 출발했다. 19세기 말부터 20세기 초에 걸쳐 이탈리아 자본주의는 남부 농촌 지역에 대한 북부 도시들의 수탈에 기초해 발전했다. 이 때문에 남부 농업 지대는 계속 저발전 상태에 머물렀고, 이 지역의 농민들은 북부 노동자들보다 훨씬 열악한 처지에 놓였다. 당대 이탈리아인들은 이를 '남부 문제'라 불렀다. 그람시 이전에도 많은 이들이 이 문제의 심각성을 강조했다. 하지만 그람시의 접근법은 이들과 달랐다. 이를 단순히 남부만의 문제로 따로 떼어 바라보지 않고 북부와 남부 사이의 불균등 결합 발전의 문제로 보았다. 즉 북부가 남부의 저발전에 바탕을 두고 발전했다는 것이 문제의 핵심이었다. 북부의 자본가, 은행가들과 남부 농업 블록의 반동적 지배층의 동맹이 지배 체제의 중심 기둥 노릇을 했다. 따라서 남부 문제는 이탈리아 자본주의와는 별개로 존재하거나 거기에서 파생되는 여러 모순들 중 하나가 아니었다. 어쩌면 이탈리아 자본주의 자체였다.

그런데 문제는 이것만이 아니었다. 지배 세력들의 동맹은 남부 문제의 한쪽 측면에 불과했다. 다른 쪽 측면에는 북부 노동자와 남부 농민 사이의 문제가 있었다. 북부 노동자 중 상당수는 남부 농민에 대한 북부 자본가계급의 수탈 덕분에 안정된 일자리와 괜찮은 임금 수준을 유지하는 셈이었다. 북부 공업 지대에 기반을 둔 이탈리아 사회주의운동의 경제주의적 흐름은 이런 문제에 애써 눈을 감았다. 그러면서 노동자들이 북부 제조업 호황의 이득을 나누는 데 골몰하는 것을 방조하거나 거들었다. 그러면 그럴수록 남부 농민들은 북부 노동자들을 '노동 귀족'으로 보고 질시하게 되었다. 요즘 우리의 정규직-비정규직 관계와 비슷한 데가 있다. 아무튼 이런 식으로 노동 대중은 지배 체제에 '끼워 맞춰져' 있었다. 대중의 분열 상태는 이탈리아 지배 체제가 완성되는 데 쐐기 노릇을 했다. 바로 이 대목에서 그람시는 사회주의운동의 단절적인 자기 혁신이 필요하다고 주장하고 나섰다. 경제주의 전통은 대중의 분열을 극복하기는커녕 그것이 작동하는 데 부속품 역할을 해왔다. 그람시는 이제 북부 산업 노동자 계급과 남부 농민들의 동맹이 사회주의운동의 핵심 과제가 되어야 한다고 역설했다. 그람시가 보기에는 이거야말로 이탈리아 자본주의의 심장에 육박해 들어가는 도전이었다.

리보르노에서 있을 공산주의자들과 개량주의자들 사이의 단절이 중요한 의미를 갖는 것은 바로 이 때문이다. 즉 혁명적 산업 노동계급은 국가 기생주의 안에서 타락해버린 사회주의의 경향들과 절연할 것이다. 혁명적 산업 노동계급은 프롤레타리아 귀족주의를 창조하기 위해 남부에 대한 북부의 우월한 지위를 이용해 이득을 취하려는 경향에서 떨어져 나와야 한다.

프롤레타리아 귀족 정치란, 부르주아 보호무역주의 관세 제도에 밀착해 협동조합적인 보호무역주의를 수립했으며 노동 대중 대부분의 지원으로 노동계급을 해방시킬 수 있을 것이라고 믿었던 현상을 말한다. 이것은 국가의 다른 생산력에 대한 산업 및 금융 자본주의 지배의 합법적인 형태다. (……)

노동자 해방은 오직 북부의 산업 노동자들과 남부의 가난한 농민들의 연합을 통해서만 보장될 수 있다. 이 연합은 부르주아 국가기구를 분쇄할 것이고, 노동자와 농민의 국가를 건설할 것이며, 농업에 필요한 산업 생산의 새로운 제도를 건설할 것이고, 이탈리아의 후진적 농업을 산업화하고 노동 대중의 이익을 위해 국가의 복지 수준을 끌어올리는 데 사용될 산업 생산의 새로운 기구를 건설할 것이다. 〔〈리보르노 전당대회Il Congresso di Livorno〉(1921)〕

이러한 지향은 현실에서 어떻게 나타났는가? 앞에서 잠시 소개한 것처럼, 그람시는 1920년 토리노에서 공장평의회의 파업 투쟁에 적극 결합했다. 이 파업은 피아트 공장의 노동자 자주 경영 실험으로까지 발전했다. 공장을 점거한 노동자들은 경영진 없이 자

동차를 생산해냈다. 토리노의 파업 소식에 남부의 소작농들까지
들썩였다. 당황한 정부는 노동자들에게 과감한 양보 조치를 제시
했다. 임금의 대폭 인상에 노동시간 단축, 게다가 경영 참여 권한
까지 약속했다. 얼마나 놀라운 성취이고 전진인가! 그런데도 그
람시를 비롯한《신질서》의 청년 사회주의자들은 노동자들이 이를
단호히 거부해야 한다고 주장했다. 왜냐하면 정부의 제안은 결국
토리노의 투쟁과 동시에 들끓던 남부의 민심은 짓밟으면서 북부
노동자들을 다시 한번 북부 자본의 지불 능력으로 포섭해보려는
시도였기 때문이다. 놀랍게도 피아트 사의 파업 노동자들은《신
질서》의 입장을 받아들였다. 협상 제안은 거부당했다. 그람시는
몇 년 뒤 집필한 글에서 이렇게 회고했다.

실제로 피아트의 숙련 노동자들이 경영진의 제안을 받아들였을 경
우 어떤 일이 일어날까? (……) 계급조합주의는 승리를 거두겠지만 프
롤레타리아는 지도자와 안내자로서의 지위와 역할을 상실할 것이다.
프롤레타리아 계급은 더 빈곤한 노동자 대중에게 특권 계급으로 보일
것이며, 농민 대중에게도 부르주아와 같은 수준에 있는 착취자로 인
식될 것이다. 부르주아계급이 언제나 그랬듯이 농민 대중에게, 그들
의 고통과 비참한 빈곤의 유일한 원인으로 여겨질 핵심적 특권 노동
자로 프롤레타리아를 소개하려 들 것이다. 〔〈남부 문제에 대한 몇 가
지 주제들Alcuni temi della quistione meridonale〉(1930)〕

그람시는, 자본의 지배에 대중의 생활이 끼워 맞춰진 바로 그 지점에서 대중들 스스로(적어도 그 중요한 일부가) 기존의 관성에서 벗어나기로 결단하는 것이 출발점이라 보았다. 지배 체제를 완성시켜주는 대중 내부의 분열 및 포섭의 지점에서 어떤 집단적 '행위'가 시작되어야 했다. 1920년 이탈리아 상황에서 그런 '행위'란 곧 북부 노동자들이 남부의 수탈과 결합된 일체의 타협을 받아들이지 않는 것이었다. 일단 이런 행위가 시작되면 이를 둘러싼 해석 투쟁이 시작되고 처음의 행위를 학습한 또 다른 행위들이 분출하게 된다. 그리고 이는 어느덧 새로운 행위 양식이라 할 만한 것으로 발전한다. 이를 바탕으로 이제 대중들 내부의 사회관계들이 재편된다. 가령 그람시 시대의 이탈리아라면, 드디어 북부 노동자와 남부 농민 사이의 전국 동맹이 구축된다. 기존 지배 질서 안에서 그것을 극복할 새로운 '사회'(그람시의 용어에 따르면, 대안적 역사 블록historic bloc)가 모습을 드러내는 것이 다름 아닌 이 순간이다. 드디어 '자본'을 대체할 '사회'가 특정한 형태의 연대 혹은 연합이라는 역사적 실체를 획득하며 떠오르는 것이다.

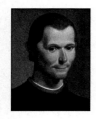
마키아벨리

그람시에게는 이러한 일련의 과정이 곧 사회주의운동에 필요한 '정치'였다. 이런 정치에 나설 때에만 노동계급은 사회주의 변혁의 주역일 수 있다. 혹은 이런 정치에 나서는 어떤 사회 세력만이 그런 주역일 수 있는 것이다. 마키아벨리Niccolo Machiavelli(1469~1527)가 정치의 주체로 상정한 '군주'처럼, '현대의 군주'가 되어야만 한다.

1920년 파업 투쟁 당시 '적위대'라 불린 토리노 노동자들이 공장을 점거하고 있다

그람시는, 자본의 지배에 대중의 생활이 끼워 맞춰진 바로 그 지점에서 대중들 스스로(적어도 그 중요한 일부가) 기존의 관성에서 벗어나기로 결단하는 것이 출발점이라 보았다. 지배 체제를 완성시켜주는 대중 내부의 분열 및 포섭의 지점에서 어떤 집단적 '행위'가 시작되어야 했다.

"노동자계급은 혁명적이다. 그러나 혁명적이지 않다면 아무것도 아니다."

—마르크스

혹은 마르크스가 남긴 인상적인 문구에 따른다면, "노동자계급은 혁명적이다. 그러나 혁명적이지 않다면 아무것도 아니다"(〈베를린의 요한 밥티스트 폰 슈바이처에게 보낸 편지〉(1865)).

　이쯤에서 처음의 물음으로 돌아가 보자. 노동계급은 여전히 사회주의운동의 첫째가는 주역인가? 노동계급이 아니라면, 다른 누가 그 자리에 설 것인가? 알 수 없다. 어쩌면 물음 자체를 바꾸어야 하는지도 모른다. 그람시의 말처럼, "우리가 '인간이란 무엇인가' 하는 질문을 던질 때 참으로 뜻하는 바는 인간은 무엇이 될 수 있는가를 묻는 것"(《옥중수고Quaderni del carcere》(1929~1935))이기 때문이다. 현실의 노동자들이 '지금과는 다른' 무엇이 되기 위해 감행하는 고투에 함께하는 것, 아니 우리 모두가 '지금과는 다른' 무엇이 될 수 있는지 확인해가는 것 이외에 다른 답은 없다. 그럴 주체가 없다면 발명이라도 해야 한다. 그러지 않으면, 이 역사에는 출구가 없다.

사회주의의 여러 대안 모델들

기존 국가사회주의와는 다른 방식으로 자본주의를 넘어선 사회를 만들고 운영할 수 있다는 것을 보여주려는 여러 학자들의 시도가 있다. 신자유주의 외에는 대안이 없는 것처럼 보이던 시기에도 이런 노력은 꾸준히 계속됐다. 지금까지 제시된 완성도 높은 대안 모델들은 크게 두 부류로 나뉜다.

하나는 시장사회주의다. 주요 생산수단을 사회적으로 소유하되 여전히 시장 체제가 주된 조절 기제로 작동하는 모델이다. 물론 이 흐름 안에도 다양한 변종들이 있다. 사회적 소유의 방식도 여러 가지이고, 시장이 차지하는 비중도 다 다르다. 그중 미국 경제학자 존 로머John Roemer가《사회주의의 미래A Future for Socialism》(1994)에서 제시한 모델은 아마도 이제까지 등장한 사회주의 구상들 중에서 시장이 담당하는 역할을 가장 크게 설정한 경우일 것이다. 이 모델에는 일종의 주식시장까지 존재한다. 다만 이 주식시장은 다른 시장과는 격리돼 있다. 모든 시민은 쿠폰이라는 별도 화폐를 발급받아 주식시장 투자에 평등하게 참여한다. 시민들이 주식시장에서 특정 기업에 쿠폰으로 투자하는 것이 경제 활동에 대한 시민들의 일종의 투표 행위가 되는 것이다.

그런가 하면 다른 극단에는 시장이 완전히 사라진 대안 사회 구상이 있다. 이 경우에는 생산수단을 사회적으로 소유함은 물론이고 계획이 시장을 완전히 대체한다. 이런 모델의 주창자들은 자신들의 '계획'을 과거 소련 모델의 중앙집권형 계획과 엄격히 구별한다. 후자가 사실상 수요에 상관없이 공급 측면이 지배하는 명령경제에 불과했다면, 전자는 민중의 직접 참여를 통해 사회적 필요를 생산에 정확히 반영하는, 말 그대로의 계획경제라는 것이다. 발달한 전자정보통신 기술 덕분에 시장 없이도 이러한 계획 체제를 충분히 실현할 수 있다는 이야기다. 국내에도 소개된 마이클 앨버트와 로빈 하넬Robin Hahnel의 '파레콘' 모델이 이런 흐름에 속한다.

아마도 위의 두 부류 사이 어딘가에 있는 모델이 영국 경제학자 팻 데바인의 '참여 계획' 구상일 것이다. 이 모델에서는 시장이 존재하지만 단 참여-분권형 계획에 철저히 종속돼 있다. 폴라니 식으로 말하면, 시장이 사회에 다시 "끼워 맞춰져embedded" 있다. 이를 설명하기 위해 데바인은 시장의 두 측면을 구분한다. 하나는 시장 교환market exchange이다. 이것은 '시장' 하면 흔히 떠올리게 되는 소비자의 상품 선택 행위다. 데바인은 이러한 시장 교환은 계속 필요하다고 본다. 그런데 시장의 또 다른 얼굴이 있다. 그것은 시장의 지배력 혹은 강제력, 즉 시장력market forces이다. 생산, 투자 등 주요 경제 활동이 모두 시장 교환의 결과에 따라서만 결정되게 하는 힘이 시장력이다. 시장력의 끊임없는 확대를 통해 시장은 사회에서 떨어져 나와 사회를 지배하려 한다. 자본주의를 넘어서려면 이 상태를 역전시켜야 한다. 데바인의 구상에서는 참여-분권형 계획이 바로 이 일을 맡는다. 더 이상 개별 기업의 이윤은 그대로 인정되지 않는다. 각급 계획 기구가 시장에서의 성과만이 아니라 다른 여러 사회적 가치들도 고려해 기업의 경제적 보상을 다시 정하고 자원 할당 및 투자를 결정한다.

데바인의 모델에서는 계획 수립 과정에 국가기구만이 아니라 생산자, 소비자, 지역사회 등 다양한 이해 당사자 집단의 대표자들delegates이 참여한다. 계획의 일상적이고 역동적인 변경도 중앙 기구의 일방적 명령이 아니라 이러한 집단들 사이의 협상·조정을 통해서 이뤄진다. 이런 식으로 다원적인 사회적 주체들이 서로 화합하고 때로는 갈등하기도 하면서 경제 활동에 대한 전 사회적 자치를 실현해나간다. 로머의 시장 사회주의가 '투표' 민주주의를 통해 이러한 자치를 구현하려 한다면, 데바인의 참여 계획 체제에서는 '심의deliberative' 민주주의가 그러한 역할을 하는 셈이다. 이 모델에서는 각 기업 단위에서도 해당 기업 노동자들뿐만 아니라 다양한 이해 당사자들까지 경영에 공동 참여하도록 되어 있다. 이것은 유고슬라비아의 노동자 자주관리 체제가 안고 있던 한계를 극복하려는 시도다.

여기에서 이런 의문이 든다. 개별 기업에서부터 국민경제 전반에 이르는 이 수많은 참여 계획 과정에 시민들이 실제로 참여한다는 게 과연 가능하겠는가? 데바인의 모델에서 전제가 되는 것은 노동시간 단축을 통한 자유 시간의 확대, 이를 뒷받침하기 위한 보편적 시민기본소득citizen's basic income의 지급이다. 이는 데바인의 구상이 앙드레 고르의 문제의식과 만나는 대목이다.

물론 마르크스가 강박적일 만큼 거듭 강조한 것처럼, 대안 사회는 결코 어떤 구체적인 설계도를 하나둘 실행하는 식으로 만들어질 수는 없다. 그렇다고 위와 같은 여러 대안 체제 논의가 의미가 없는 것은 아니다. 왜냐하면 이러한 논의는 20세기에 경험한 사회주의들 외에도 다른 수많은 탈자본주의 변혁의 방향이 가능하다는 사실을 일깨워주며, 사회 변화에서 가장 중요하게 고려해야 할 게 무엇인가에 대한 우리의 상상력을 풍부히 자극하기 때문이다.

4장

결론을 대신해—자본주의 문명의 '치유'와 '전환',
'새 출발'로서의 사회주의

소련, 동유럽 블록이 붕괴하고 나서 사회주의 이념-운동은 역사상 가장 심각한 퇴조와 침체 상태에 빠졌다. 국가사회주의 모델을 지지했든 거부했든 상관없이 거의 모든 사회주의 조류가 여기에서 예외일 수 없었다. 사회민주주의는 '제3의 길' 노선으로까지 후퇴했고, 제3세계 좌파 정부들도 시장 중심 경제로 전환하느라 바빴다. 이러한 지난 세기의 대실패의 여진은 아직도 끝나지 않았다. 2008년 금융 위기로 신자유주의의 전성기가 끝났는데도 그렇다. 20세기 초에 자본주의의 전 지구적 위기가 닥쳤을 때에는 세계 사회주의운동이 한창 청년기의 활력에 넘쳤으나 이에 반해 지금은 비슷한 지구 자본주의 위기가 시작되는 상황인데도 반대 진영의 처지 역시 복잡하고 옹색하다.

그럼에도 불구하고 어떤 이들의 희망 섞인 관측처럼 '사회주의'가 그저 죽은 문구 정도로 전락한 것은 아니다. 우선 중국이 있다. 중국 당국의 주장대로 이 나라가 여전히 모종의 '사회주의'라고 생각할 이들은 그리 많지 않을 것이다. 수억의 농촌 출신 노동자들이 무권리 상태에 놓여 있고 빈부격차는 어떤 자본주의 사회보다 더 심각하다. 하지만 인구 10억이 넘는 이 거대한 나라가 항상 '사회주의'라는 기표를 통해 현실 자본주의로부터 한 발자국 비켜난 채 미래를 모색한다는 것은 간단히 볼 문제가 아니다. 중국 대륙에서 '사회주의'라는 빈 칸을 두고 벌어질 사회적 투쟁이 인류의 운명을 결정할 첫 번째 변수가 될 것이라고 해도 결코 과

사회주의 이념-운동 내의 신진 세력은 생태주의, 여성주의 등 20세기 말에 등장한 새로운 자본주의 비판 흐름들과 사회주의의 만남, 융합을 강조한다. 그래서 '생태사회주의' 혹은 '녹색사회주의' 같은 새로운 명칭이 등장하기도 한다.

장은 아니다.

다음으로 유럽과 라틴아메리카에서는 이러저런 사회주의 세력이 현실 정치의 중심 무대에서 한 번도 사라진 적이 없다. 라틴아메리카에서는 신자유주의가 위세를 부리던 2000년대 초에 사회주의의 르네상스가 시작됐다. 쿠바가 버티고 있고, 지금도 베네수엘라, 볼리비아, 에콰도르에서는 사회변혁이 진행되고 있다. 아옌데 인민연합 정부의 선구적 시도가 폭력으로 짓밟혔던 칠레에서도 젊은 세대가 '아옌데주의자'를 자처하며 한 세대 전 중단된 행진을 다시 시작하고 있다. 중남미 전체의 운명의 열쇠를 쥔 대국 브라질에서는 노동자당PT 정부가 '남미판 사회민주주의'라 할 만한 정책들을 추진하는 중이다.

유럽은 이전 세대 사회주의운동의 실패를 새로운 세력 혹은 새 세대의 등장으로 극복해나가는 모양새다. 사회민주주의 정당 안에서는 한때의 '제3의 길' 노선을 청산하고 정통 사회민주주의로 돌아가자는 움직임이 일고 있다. 대표적으로 영국 노동당과 독일 사회민주당의 당내 좌파가 '좋은 사회good society'라는 구호 아래 복지국가의 혁신과 재강화를 꾀하고 있다. 기존 좌파를 대표하던 사회민주주의 정당이 처참히 실패한 곳에서는 새로운 급진 좌파 정당이 급성장해 좌파의 새로운 대표자로 부상하는 격변이 일어나기도 한다. 그리스가 대표적이다. 2012년 그리스 총선에서는 재정 위기에 책임이 있는 범그리스사회주의운동PASOK 대신 사회주의, 생태주의, 여성주의를 이념으로 내세우는 급진좌파연합 SYRIZA이 좌파 제1정당으로 떠올랐다(26.89퍼센트 득표). 급진좌파연합은 풀란차스의 정치 전략을 계승한 정당으로서, 30여 년 전의 구조 개혁 노선을 연상시키는 대안을 제시한다. 이러한 사회주의운동의 중심 세력 교체가 지금 재정 위기 국가인 스페인(연합좌파IU), 포르투갈(좌파블록BE)을 비롯해 독일(좌파당Die Linke)과 프랑스(좌파전선FG), 네덜란드(사회주의당SP)와 덴마크(적록연합RGA) 등 유럽 곳곳에서 진행 중이다.

최근 남반구의 움직임으로는 아랍 혁명의 거점인 이집트와 튀니지가 주목된다. 이들 나라에서는 기존 독재 정권, 이슬람 근본주의에 맞서 사회주의 세력이 유력한 경쟁자로 부상했다. 흥미로운 것은 사회주의 이념-운동 내의 신진 세력은 생태주의, 여성주의 등 20세기 말에 등장한 새로운 자본주의 비판 흐름들과 사회주의의 만남, 융합을 강조한다는 점이다. 그래서 '생태사회주의eco-socialism' 혹은 '녹색사회주의green socialism' 같은 새로운 명칭이 등장하기도 한다.

자본주의 근대 문명이 막다른 골목에 다다른 시대에 사회주의란?

지금까지 우리는 사회주의의 의미가 시대의 흐름에 따라 어떻게 변화해왔는지 살펴보았다. 처음 등장할 때 사회주의는 근대 문명이 산업자본주의와는 다른 길을 걸어갈 수 있다고 설득하는 이념이었다. 그러다가 20세기 들어서서는 자본주의의 풍요로부터 배제됐던 계급이나 지역도 그러한 풍요를 누릴 수 있다는 약속을 뜻하게 됐다. 시장 중심 자본주의와 달리 국가가 주도하는 근대화를 통해서 말이다.

그럼 21세기에 사회주의는 어떠한 의미를 가져야 하는가? 단순히 20세기의 대중적 표상으로 돌아가는 것은 답이 아닌 듯하다. 그렇다면 역사는 '시장'과 '국가' 사이를 오가는 진자 운동 비슷한 게 될 것이다. 하지만 현재 인류 문명이 처한 상황은 그런 양자택일보다는 훨씬 더 복잡하고 심각하다. 자본주의의 장기 지속은 인간 사회와 지구 생태계가 감당하기 힘든 거대한 모순을 누적시켜왔다. 예를 들어, 경제 위기를 지연시키는 대가로 쌓인 천문학적 규모의 부채가 있다. 지구 자본주의의 전체 사슬 중 약한 고리에서는 지금도 이런 채무 폭탄이 경제 활동 전반의 붕괴라는 방식으로 폭발하고 있다. 이보다 더 거대한 재앙은 기후변화다. 지난 두 세기 동안의 화석 에너지 남용으로 엄청난 양의 이산화탄소가 배출돼 지난 세기 끝 무렵부터 평균 기온이 급상승하고 있다. 이런 뚜렷한 추세들이 당장 몇십 년 안에 어떠한 결과를 초래할지 아무도 예측하지 못한다. 그런데도 이 추세들을 중단시키려는 조짐은 보이지 않는다. 자본주의가 질주를 계속하자니 절대 손을 댈 수 없는 것이다. 이 질주의 끝을 예견케 하는 곳이 바로 그리스다. 과거 서구 문명의 새벽을 열었던 이 나라는 이제 지구 자본주의 곳곳에서 맞게 될 운명의 첫 주자가 되었다.

요컨대, 이런 식이다. 지금까지 풍요를 약속했을 뿐 아니라 실현시키는 것으로 보였던 힘이 어느 순간 갑자기 파국의 원인으로 돌변한다. 단지 자본주의가 무너지는 게 아니다. 자본주의와 등치됐던 현대 문명 자체가 출구 없는 붕괴 상태로 치닫는다. 곳곳에서 붕괴가 이어지고 전반적으로는 정체 혹은 퇴보가 지배한다. 이것이 이번 세기의 가장 익숙한 광경이 될 것이다. 고전 사회주의의 예상과는 달리 자본주의의 극한적 발전은 새로운 사회 건설의 힘으로 전환되지 않는다. 그것은 무엇보다 문명 자체를 파괴하는 힘으로 나타난다. 이것이 세 번째 세기를 맞이한 산업자본주의에서 나타나는 위기의 양상이다.

설령 사회주의 세력이 위기의 순간에 효과적으로 개입한다 하더라도 그들이 물려받을 세상은 폐허의 이미지에 더 가까울 것이다. 약속의 땅에 도착하기 일보 직전의 들뜬 분위기는 분명 아닐 것이다. 하지만 바로 이런 운명의 예감 속에 21세기에 사회주의가 간직해야 할 진실하고 절실한 의미가 있다. 폴라니는 대작 《거대한 전환The Great Transformation : The Political and Economic Origins of Our Time》(1944)을 "체념"에 대한 이야기로 끝맺는다. 시장자본주의가 이끈 막다른 골목에서 인류는 "예전에 믿었던 모습의 자유가 종말을 고했다"는 체념에 도달한다는 것이다. 하지만 폴라니는 "이렇게 가장 밑바닥의 체념을 받아들이게 되면" 그때야말로 "다시 새로운 생명이 솟구치게 된다"고 일깨운다. 문명의 재건, 즉 "자신의 모든 동료들이 누릴 수 있도록 풍족한 자유를 창조해야 한다는 새로운 과제"가 시작된다. 이것이 폴라니가 말하는 "복합 사회에서의 자유"다. '평등한 자유'를 요구하던 상퀼로트의 대중운동에서 출발한 근대 사회주의는 이러한 '복합 사회에서의 자유'에서 가장 원숙한 발전 형태를 발견하게 된다.

《거대한 전환》

이제 사회주의운동은 자본주의의 장기 지속이 몰고 온 현대 문명의 상처들을 '치유'하는 과제를 안게 되었다. 우선은 지치고 낙담한 인간 사회를 추슬러 엄청나게 누적된 회계장부 속 붉은 글자들을 일소하고 측량조차 힘든 온갖 폐기물들을 처리해야 한다. 그래서 21세기 사회주의운동은 자본주의의 질주에 의해 (또한 자본

이제 사회주의운동은 자본주의의 장기 지속이 몰고 온 현대 문명의 상처들을 '치유'하는 과제를 안게 되었다. 그래서 21세기 사회주의운동은 자본주의의 질주에 의해 낭떠러지로 치닫는 근대 문명 전체의 방향을 '전환'하려는 노력일 수밖에 없다. 여기에 뒤따르는 것은 '새 출발'이다.

주의와 크게 다르지 않은 궤도를 그려온 20세기 사회주의에 의해) 낭떠러지로 치닫는 근대 문명 전체의 방향을 '전환'하려는 노력일 수밖에 없다. 여기에 뒤따르는 것은 '새 출발'이다. 근대 문명 자체를 전혀 다른 방향에서 다시 출발시켜야 한다. 대중의 일상생활, 시장, 국가 등 문명의 가장 기본적인 요소들을 재구성하고 재배열해야 한다. 즉 우리 시대에 사회주의는 자본주의가 주도해온 근대 문명 전체의 '치유'와 '전환' 그리고 '새 출발'을 위한 프로젝트여야 한다. 이렇게 보면, 결국은 사회주의의 운명이 자본주의의 완숙(더 나아가 그 부패)과 역사적으로 연결되었으니 마르크스, 엥겔스의 전망이 큰 방향에서는 맞아떨어졌다고 할 수 있겠다. 그러나 자본주의 발전을 계승한다거나 따라잡는다던 이후 주류 사회주의의 입장과는 뚜렷이 다르다. 근대 문명이 산업자본주의가 200년간 걸어온 것과는 다른 길로 재출발해야 한다고 보는 점에서는 차라리 19세기 초에 자본주의와는 '다른' 근대화로서 사회주의를 구상했던 초기 사회주의자들의 이념을 닮은 데가 있다.

2

'좋은 삶'에 대한 새로운 상식,
자본과의 대결 그리고
새로운 '정치'의 발명

우리 시대 사회주의의 좀 더 구체적인 내용들까지 여기에서 논할 수는 없다. 다만 앞에서 소개한 과거 사회주의 이념-운동에 대한 근본 성찰들을 바탕으로 몇 가지 방향 정도는 정리해볼 수 있겠다. 첫째, 21세기 사회주의는 무엇보다 '좋은 삶'에 대한 대중적 토론과 합의에서 출발해야 한다. 지난 세기 사회주의에서 '좋은 삶'은 한국의 박정희 정권이 내건 근대화 구호 "잘살아보세!"의 "잘 사는" 것과 크게 다르지 않았다. 반면 푸리에나 오언은 인간에게 좋은 삶은 자본주의가 강요하는 삶과는 전혀 다른 것이라는 각성에서 출발했다. 청년 마르크스도 다름 아니라 좋은 삶에 대한 풍부한 사색(《1844년의 경제학 철학 초고》)으로부터 시작했다. 볼리비아와 에콰도르의 새 헌법들은 격세유전을 통해 이러한 각성을 이어받았다. 이들 헌법은 '좋은 삶의 방식the good way of living(스페인어로는 buen vivir)'을 찾고 실현하는 것이 국가와 사회의 과제라고 규정한다. 좋은 삶이란 무엇인가? 더 많이 생산하고 더 많

윌리엄 모리스

모리스는 산업 자본주의에서 대다수 인간이 창조적 활동으로부터 소외되는 것을 비판하면서, 노동과 예술이 통일되어 있던 중세 장인 노동을 부활시켜야 한다고 생각했다. 자본주의 변혁 없이는 노동 과정을 바꿀 수 없다는 결론에 도달한 뒤 그는 주저 없이 사회주의자가 되었다. 모리스는 사회주의를 산업 문명 발전의 계승자 정도로 바라보는 주류 시각을 비판하며 전근대와 근대, 도시와 농촌이 새롭게 통합되는 사회주의 상을 제시했고 이후 길드 사회주의, 1960년대 신좌파, 생태사회주의에 큰 영향을 끼쳤다.

모리스

이 소비하는 것인가, 아니면 더 적게 일하고 더 많이 자유로워지는 것인가? 이 물음과 그에 대한 답이 우리 시대 사회주의의 알파요 오메가다. 19세기 말 영국의 사회주의자 윌리엄 모리스William Morris(1834~1896)가 "경제적 변화는 반드시 그에 상응하는 윤리의 혁명을 동반해야 한다"(《사회주의동맹 선언The Manifesto of the Socialist League》(1885)]고 선언했을 때 '윤리의 혁명'이란 결국 '좋은 삶'에 대한 대중의 상식의 변화일 것이다.

둘째, 과거 사회주의 전통에서 미래 사회주의로 반드시 계승되어야 할 한 가지 원칙이 있다. 그것은 자본 권력에 끊임없이 도전하고 그것을 해체해야 한다는 것이다. 초기 사회주의자들은 사회주의의 첫 선전 활동이 시작된 지 한 세대 만에 대체로 이 원칙에 합의했다. 이 원칙을 마르크스와 엥겔스는 《공산당 선언》에서 "코뮌주의자들은 현실의 모든 혁명운동에서 소유 문제가 어느 정도 발전했는가와 무관하게 소유 문제를 운동의 근본 문제로서 전면에 내세운다"는 문구로 더없이 강력히 역설했다. 사실 "소유 문제"라는 표현은 좀 고답적이다. 자본 권력이 무엇보다 소유권에서 나오는 것은 사실이지만 자본 권력의 해체가 소유권 변동으로 환원될 수는 없다는 점도 이제까지의 역사적 경험을 통해 확인된 바이기 때문이다. 《공산당 선언》의 문구를 현대적으로 번안한다면, "어떠한 사회 변화 과정에서든 자본 권력에 도전하고 그 종국적 해체를 추구한다" 정도가 될 것이다.

21세기 사회주의는 무엇보다 '좋은 삶'에 대한 대중적 토론과 합의에서 출발해야 한다. 좋은 삶이란 무엇인가? 더 많이 생산하고 더 많이 소비하는 것인가, 아니면 더 적게 일하고 더 많이 자유로워지는 것인가? 이 물음과 그에 대한 답이 우리 시대 사회주의의 알파요 오메가다.

세계 사회주의운동은 30여 년 전 신자유주의 우파와의 투쟁 과정에서, 자본 권력을 해체해야만 대중의 민주적 성취를 유지하거나 확대해나갈 수 있다는 사실을 다시 한 번 확인했다. 따라서 서구 사회민주주의의 주류가 이 원칙을 무시하거나 포기해버린 것은 사회주의운동의 '진화'라기보다는 '퇴보'였다. 결국 사회주의의 본질은 노예 해방과 농노 해방에 뒤이은 또 다른 해방 운동이다. 노예 소유주와 봉건 영주의 권력을 과거의 유물로 만들어버렸듯이, 어떤 방식으로든 자본 소유자의 지배권을 타파하는 것이야말로 사회주의의 최대, 최후의 과제다. 이것은 사회주의의 핵심, 끝까지 버릴 수 없는 그 영혼이다.

셋째, 사회주의운동은 기성 정치 구조와 관행을 넘어서는 '정치'의 새로운 형태를 발명해내야 한다. 물론 기존 대의제의 부정이 답은 아니라는 사실이 20세기의 경험들을 통해 드러났다. 과거 사회주의 역사를 살펴보면서 국가사회주의를 비판했지만, 그렇다고 국가의 적극적인 역할 자체를 부인하자는 것 역시 아니다. 어쨌든 '민주적' 국민국가는 지배 세력 내부의 자유주의 흐름과 대중적인 사회주의운동의 합작품이다. 처음부터 정확히 그걸 의도하진 않았지만 말이다. 그러나 현재와 같은 최소 민주주의 수준에 머물러서는 자본 권력을 넘어선 사회변혁은 불가능하다는 것 또한 분명하다. 이것은 지난 세기말 신자유주의 우파와의 투쟁과 패배를 통해 확인한 또 다른 진실이다. 대중이 직접 참여하는 민주주의의 새로

자본 권력에 끊임없이 도전하고 그것을 해체해야 한다. 결국 사회주의의 본질은 노예 해방과 농노 해방에 뒤이은 또 다른 해방 운동이다. 어떤 방식으로든 자본 소유자의 지배권을 타파하는 것이야말로 사회주의의 최대, 최후의 과제다.

운 형식과 에너지가 반드시 필요하다. 그 힘으로 대의민주주의를 혁신하고 국민국가 수준의 정치를 부단히 민주화해야 한다. 더 나아가서는 국민국가를 넘어 지구 질서 수준의 정치 활동 무대를 열어야 한다. 라틴아메리카 사회주의운동은 벌써 이 방향으로 나아가고 있다. 말하자면 21세기 사회주의가 고민해야 할 것은 개혁이냐 혁명이냐가 아니다. 개혁이든 혁명이든 모두 과거와는 달라져야 한다. 20세기와는 다른 형태로 진화해야 한다. 바로 이것이 핵심이다.

사회주의운동의 역사를 돌아보고 나서 미래를 짚어보자니 앞에서 인용한 윌리엄 모리스가 다시 떠오른다. 그는 1890년에 《없는 곳으로부터 온 편지News from Nowhere》(국내에는 '에코토피아 뉴스' '미래에서 온 편지' 등으로 소개되었다)라는 소설을 발표했다. 2150년의 미래 사회를 그린 유토피아 소설이다. 이 책에서 모리스는 자본이나 국가의 지배를 받는 게 아니라 도시와 농촌이 통합된 지역 공동체 단위에서 민중 자치가 실현되는 대안 사회를 제시한다. 그런데 이런 세상에 도달하게 된 역사적 과정이 흥미롭다. 이 소설에 따르면, 20세기 중반에 인류는 '국가사회주의'라고 알려진 체제를 경험한다. 여기에서 노동계급의 일부는 중산층의 삶을 누리기도 하지만, 결국은 체제 자체의 한계와 모순 때문에 오래 버티지 못한다. 이로 인한 혼란 속에서 노동자들은 마침내 결단한다. 노동자들은 전국적인 노동조합 투표를 통해 역사적인 제

사회주의운동은 기성 정치 구조와 관행을 넘어서는 '정치'의 새로운 형태를 발명해내야 한다. 대중이 직접 참여하는 민주주의의 새로운 형식과 에너지가 반드시 필요하다. 21세기 사회주의가 고민해야 할 것은 개혁이냐 혁명이냐가 아니다. 개혁이든 혁명이든 모두 과거와는 달라져야 한다.

1보를 내딛기로 결의한다. 그 첫걸음이란 "나라의 천연자원과 그것을 이용하기 위한 기구의 관리를 노동자동맹의 권한에 귀속시키고 특권계급을 명백하게 노동자들의 뜻에 맡겨져 있는 연금생활자의 지위로 떨어뜨린다"는 것이다. 이 결의와 함께 긴 혁명 과정이 시작되고 결국 소설 속 2150년의 세상이 열린다.

우리가 살아온 지난 역사는 물론 모리스가 상상한 20세기와는 달랐다. 하지만 '국가사회주의'의 성공과 실패를 겪은 뒤에 진정한 대중의 도전이 시작된다는 설정은 인류의 실제 경험과 만나는 데가 있다. 적어도 사회주의의 잠정적이거나 왜곡된 형태라는 거대한 우회로를 걸었다는 점은 그렇다. 대중의 도전이 다시 시작될지는 아직 알 수 없지만 말이다. 그러니 부디 모리스가 꿈꾸었던 대중의 각성이 우리의 미래와 일치하기를! 왜냐하면 우리에게 남은 대안들 중 유일하게 실현돼 마땅한 값어치를 지닌 것은 역시 "민주주의로, 그것도 영구적인 민주주의로 조직된 사회주의"(폴라니)이기 때문이다.

● 더 읽을 책들

지면 제약 탓에 사회주의를 이해하기 위해 꼭 읽어봐야 책들의 자세한 목록을 제시하지는 못한다. 다만 여기에서는 그간 제대로 주목받지 못한 좋은 책들을 소개하는 데 집중하겠다. 좀 더 상세한 독서 안내로는 졸저 《장석준의 적록서재》(뿌리와이파리, 2013)를 참고해주기 바란다.

앤서니 라이트, 《사회주의 — 이론과 실제》, 김유 옮김(인간과사회, 2003)
저자는 G. D. H. 콜의 영향을 강하게 받았으며 블레어 총리 시절 영국 노동당 하원의원을 지내기도 했다. 정치인으로서는 그리 두각을 나타내지 못했지만, 이 저작만은 비마르크스주의 입장에서 쓴 훌륭한 사회주의 입문서다.

제프 일리, 《The Left 1848~2000 — 미완의 기획, 유럽 좌파의 역사》, 유강은 옮김(뿌리와이파리, 2008)
다루는 범위가 유럽 좌파에 한정되어 있기는 하지만, 근대 사회주의운동을 일별하기 위해 반드시 읽어야 할 통사.

에드먼드 윌슨, 《핀란드 역으로》, 유강은 옮김(이매진, 2007)
로버트 하일브로너, 《세속의 철학자들》, 장상환 옮김(이마고, 2008)
로버트 오언, 《사회에 관한 새로운 의견》, 하승우 옮김(지만지, 2012)
샤를 푸리에, 《사랑이 넘치는 신세계 외》, 변기찬 옮김(책세상, 2007)
윌슨의 책은 바뵈프부터 레닌에 이르기까지 사회주의 이념 – 운동의 역사를 대중적으로 흥미롭게 서술한 불후의 명저다. 일독을 권한다. 이 책과 하일브로너의 저작은 현재 시중에서 구할 수 있는 서적들 중에서 마르크스 이전의 초기 사회주의를 그나마 가장 진지하게 소개하는 책들이다. 두 책을 읽고 나서 오언과 푸리에의 저서와 직접 만나보는 것도 좋겠다.

한국철학사상연구회, 《다시 쓰는 맑스주의 사상사》(오월의봄, 2013)
마르크스, 엥겔스 사상과 마르크스주의를 학습하는 가장 좋은 방법은 이 거대한 사조를
일구는 데 기여한 거장들의 1차 저작에 도전하는 것이다. 다만 그 전에 마르크스주의의
역사 전반을 조망하는 데는 이 책을 추천한다.

존 M. 톰슨, 《20세기 러시아 현대사》, 김남섭 옮김(사회평론, 2004)
이정희, 《러시아혁명과 노동자》(느티나무, 2003)
러시아혁명 및 이후 소련 역사를 다룬 좋은 책들이 현재 대부분 절판 상태다. 톰슨의 책
역시 요즘 구하기 힘든데, 그래도 혁명의 고난과 변질 과정을 한눈에 훑어볼 수 있게 해
주는 필독서다. 이 책을 읽고 나서 레닌, 트로츠키, 부하린, 룩셈부르크, 카우츠키 등의
저서들을 함께 탐독하면 도대체 무엇이 잘못되었는지를 어느 정도 짚어낼 수 있을 것이
다. '노동자 관리'의 이상이 혁명과 함께 만개했다가 폐기되어가는 과정을 다룬 역사학
자 이정희의 저서도 흥미롭다.

모리스 마이스너, 《마오의 중국과 그 이후》 1·2, 김수영 옮김(이산, 2004)
전리군(첸리췬), 《모택동 시대와 포스트 모택동 시대 1949~2009》 1·2, 연광석 옮김(한
울아카데미, 2012)
이창휘·박민희 편, 《중국을 인터뷰하다—새로운 중국을 만들어가는 사람들》(창비, 2013)
마이스너와 전리군의 저서는 중화인민공화국의 역사를 반추한 최고의 저작들이다. 이
두 대작을 읽고 나면 중국 역사의 큰 방향이 눈에 들어오게 된다. 《중국을 인터뷰하다》는
현대 중국의 민간 사상가, 운동가들의 육성을 담은 책이다. 전 세계 사회주의운동의 미래
에 핵심 변수가 될 중국 내 사회 투쟁의 현주소를 보여준다.

로버트 J. C. 영, 《포스트식민주의 또는 트리컨티넨탈리즘》, 김택현 옮김(박종철출판사,
2005)

이 책의 본래 주제는 탈식민주의이지만, 방대한 사상사적 접근을 통해 20세기에 제3세계에서 등장한 독창적인 사회주의 흐름들을 정리, 소개하기도 한다.

조지 버나드 쇼 외, 《페이비언 사회주의》, 고세훈 옮김(아카넷, 2006)
에두아르트 베른슈타인, 《사회주의란 무엇인가 외》, 송병헌 옮김(책세상, 2002)
로자 룩셈부르크, 《사회 개혁이냐 혁명이냐》, 송병헌·김경미 옮김(책세상, 2002)
장 조레스, 《사회주의와 자유 외》, 노서경 옮김(책세상, 2008)
위의 책들은 모두 19~20세기 전환기에 사회민주주의 흐름이 등장하는 과정에서 중요한 역할을 한 고전들이다. 2차 문헌보다는 이들 1차 문헌을 통해 당시의 고민을 접해보길 권한다.

홍기빈, 《비그포르스, 복지국가와 잠정적 유토피아》(책세상, 2011)
장석준, 《신자유주의의 탄생 ─ 왜 우리는 신자유주의를 막을 수 없었나》(책세상, 2011)
20세기 서구 좌파의 행로를 깊이 있게 추적한 책들이다. 《비그포르스, 복지국가와 잠정적 유토피아》는 지난 세기 전반기에 특히 대공황을 전후해 사회민주주의에 닥친 위기와 그 이론적·실천적 극복을, 《신자유주의의 탄생》은 20세기 후반기에 신자유주의 지구화의 초기 공세에 나름대로 진지하게 맞섰던 좌파 내 여러 흐름들을 정리한다.

버트런드 러셀, 《버트런드 러셀의 자유로 가는 길》, 장성주 옮김(함께읽는책, 2012)
김명환, 《영국의 위기 속에서 나온 민주주의 ─ 길드 사회주의》(혜안, 2009)
신정완, 《복지자본주의냐 민주적 사회주의냐 ─ 임노동자기금 논쟁과 스웨덴 사회민주주의》(사회평론, 2012)
리처드 스위프트, 《민주주의, 약자들의 희망이 될 수 있을까?》, 서복경 옮김(이후, 2007)
러셀의 책은 길드 사회주의 입장에 바탕을 두고 있으며 그 자체로 훌륭한 사회주의 입문서다. 지난 세기 초에 집필된 《자유로 가는 길》을 이번 세기 초에 '사회주의'의 의미를 묻는 본서本書와 함께 읽는다면, 꽤 흥미로운 독서 경험이 될 것이다. 김명환의 책은 국내 저자가 쓴 유일한 길드 사회주의 연구서다. 신정완의 저서는 1970년대 스웨덴 노동운동의 임노동자기금 구상을 상세히 소개하며 철저히 분석하는 걸작이다. 한편 《민주주의, 약자들의 희망이 될 수 있을까?》는 사회주의가 아니라 민주주의에 대한 입문서인데, 미래 사회주의와 결합되어야 할 '아래로부터의' '강한' 민주주의를 설득력 있게 주장하고 있어서 본서와 더불어 읽어볼 것을 권한다. 특히 이 책에는 최근 제출되는 '사회 중심 사회주의'의 여러 구상들(참여 계획 등)에 대한 간략한 소개도 실려 있다.

이반 일리치, 《과거의 거울에 비추어─현대의 상식과 진보에 대한 급진적 도전》, 권루시안 옮김(느린걸음, 2013)

앙드레 고르, 《프롤레타리아여, 안녕─사회주의를 넘어》, 이현웅 옮김(생각의나무, 2011)

앤디 메리필드, 《마술적 마르크스주의》, 김채원 옮김(책읽는수요일, 2013)

데렉 월, 《그린 레프트─전 세계 생태사회주의 운동의 모든 것》, 조유진 옮김(이학사, 2013)

이안 앵거스 편, 《기후 정의─기후변화와 환경 파괴에 맞선 반자본주의의 대안》, 김현우 외 옮김(이매진, 2012)

서영표, 《사회주의, 녹색을 만나다─생태주의, 사회주의, 민주주의》(한울, 2010)

이반 일리치의 주요 저서들은 한때 우리말로 번역돼 나온 적이 있지만 지금은 대부분 절판된 상태다. 새로운 번역이 나오기 전까지는 그의 연설문들을 모은 위의 책으로 만족할 수밖에 없겠다. 고르의 주요 저작들 중에서도 현재 국역본을 구할 수 있는 것은 위의 책 한 권뿐이다. 아쉽다. 하지만 생태사회주의의 훌륭한 개론서들을 통해 이런 1차 문헌의 부족을 보완할 수 있다. 《마술적 마르크스주의》, 《그린 레프트》 그리고 《기후 정의》가 그런 책들이다. 서영표의 책은 영국의 녹색사회주의 그룹의 입장을 전한다. 짧으면서도 짚어야 할 내용은 다 짚는다.

에드워드 파머 톰슨, 《영국 노동계급의 형성》 1·2, 나종일 외 옮김(창비, 2000)
본문에서 노동계급과 사회주의의 관계를 살피면서 반드시 언급해야 하는 책이지만 생략
하고 지나갔다. 아직 산업자본주의가 본격적으로 시작되기 전, 영국 노동계급의 초기 성
장 과정을 다룬 역사서이지만, 지금 우리 사회에서 노동계급의 형성을 논하기 위해서도
반드시 읽어야 할 고전이다. 아울러 톰슨의 다른 저작들(《윌리엄 모리스》, 《이론의 빈곤》)의
독서, 더 나아가 로버트 오언-윌리엄 모리스-G. D. H. 콜-신좌파New Left(E. P. 톰슨, 레
이먼드 윌리엄스 등)로 이어지는 계보의 독서를 권한다.

칼 폴라니, 《거대한 전환―우리 시대의 정치·경제적 기원》, 홍기빈 옮김(길, 2009)
칼 폴라니, 《전 세계적 자본주의인가 지역적 계획경제인가 외》, 홍기빈 옮김(책세상, 2002)
마르크스주의와는 또 다른 시각에서 자본주의를 근본적으로 비판하고 민주적 사회주의
의 이상을 제시한 대표적 인물이 칼 폴라니다. 이 책들을 통해 사회주의에 대한 그의 독
특한 입장과 전망을 확인할 수 있다.

- 1796 | **프랑스, 바뵈프의 음모**
  부르주아 민주주의의 모순을 평등사회 실현으로 극복하려 한 원형적 시도이자 근대 사회
  주의의 원점

- 1800 | **로버트 오언, 뉴래너크 경영에 착수**
  초기 사회주의의 '실천적' 출발

- 1802 | **생시몽 백작, 《어느 제네바인이 동시대인에게 보내는 서한》**

- 1808 | **샤를 푸리에, 《인간의 사회적 운명과 4가지 운동의 논리》**
  초기 사회주의의 '이론적' 출발

- 1829~1835 | **영국, 오언주의 운동의 전성기**
  이 시기에 영어권에서 처음 '사회주의'라는 말이 널리 쓰이기 시작함

- 1834 | **피에르 르루, 논문 〈개인주의와 사회주의에 관하여De l'Individualisme et du Socialisme〉**
  생시몽학파인 르루의 이 논문을 계기로 프랑스어권에서 '사회주의'라는 용어가 확산됨

- 1840 | **에티엔 카베, 《이카리아 여행》**
  카베는 완전한 공동 소유를 지향하는 자신의 구상을 다른 '사회주의' 조류들과 구별해 '코
  뮌주의'라 칭했다. 영어권에서는 말년의 오언의 사상을 가리키는 말로 '코뮌주의'가 처음
  등장

- 1848 | **카를 마르크스, 프리드리히 엥겔스, 《공산당 선언》**
  19세기 전반의 사회주의 사상들에 대해 가차 없는 평가를 내리면서 다음 시대 사회주의운
  동의 길을 연 문서

- 1848 | **프랑스, 2월혁명**
  '사회공화국'이라는 구호 아래, 루이 블랑 등 사회주의자들이 최초로 정부에 참여

- 1864 | **국제노동자연합(제1인터내셔널) 창립**
  이후 이 조직이 분열하는 과정에서 '사회주의' 진영과 '아나키즘' 진영이 나뉘게 된다

- 1867 | **카를 마르크스, 《자본―정치경제학 비판》 1권**
  사회주의운동에서 나온, 자본주의에 대한 최초의 체계적인 분석이자 비판

- 1871 | **프랑스, 파리 코뮌**
  불과 3개월밖에 지속되지 못했지만, 기존 대의제를 뛰어넘은 민주주의와 생산자 협동조합
  등 창의적인 사회적 실험들을 펼친 세계 최초의 노동자 정부

- 1875 | **독일, 사회주의노동자당 출범**
  라살레파와 마르크스파의 통합으로 세계 최초의 사회주의 대중정당 등장. 이 당은 1890년
  '사회민주당'으로 개칭. 이후 '사회민주주의'가 '사회주의'의 동의어로 대중화되었다

- 1878 | **엥겔스, 《반뒤링》**
  이 책에서 마르크스주의를 지칭하는 용어로 '과학적 사회주의'가 처음 등장. 1880년에 이
  책 일부가 《공상에서 과학으로의 사회주의의 발전》으로 따로 출판되었다

- 1889 | **영국, 페이비언 협회 창립**
  마르크스주의와 함께 20세기를 준비한 또 다른 강력한 사회주의 사조의 등장

- 1889 | **사회주의 인터내셔널(제2인터내셔널) 창립**
  각국의 대중적 사회주의 정당들이 모여 프랑스대혁명 100주년에 맞춰 국제 사회주의 조
  직을 결성

- 1898 | **독일, 수정주의 논쟁 시작**
  독일 사회민주당 안에서 혁명적 사회주의와 개혁적 사회주의의 분리 조짐이 나타남

- 1902 | **블라디미르 일리치 레닌, 《무엇을 할 것인가?》**
  마르크스주의 내에서 경제주의에 대한 최초의 근본적 공격이자 극복 시도

- 1917 | **러시아, 10월혁명**
  1차대전의 포화 속에서 세계 최초의 사회주의 혁명 성공

- 1919 | **공산주의 인터내셔널(제3인터내셔널) 창립**
  세계 사회주의운동이 '사회민주주의(개혁적 사회주의)'와 '공산주의(혁명적 사회주의)'로
  나뉘게 되다

- 1920 | G. D. H. **콜, 《길드 사회주의 재론》**
  길드 사회주의를 가장 체계적으로 제시한 저서

- 1928 | **소련, 5개년 계획 착수**
  5개년 계획의 양적 성장 열풍 속에 중앙집권형 계획경제가 들어섬

- 1929~1935 | **안토니오 그람시가 감옥에서 《옥중수고》 집필**
  무솔리니 정권에 의해 감옥에 갇힌 이탈리아 공산당 지도자 그람시가 코민테른의 서구 혁
  명 실패에 대한 치열한 성찰의 기록을 노트에 담았다. 그의 사후 이 수고手稿는 서구 마르
  크스주의의 전개에 결정적 영향을 끼쳤다

- 1929 | **세계 대공황**
  자본주의 등장 이후 최대의 위기가 세계를 덮쳤다. 이와 함께, 등장한 지 얼마 안 되는 '민
  주적' 국민국가는 붕괴 일보 직전에 놓였다

- 1932 | **스웨덴 사회민주노동당 첫 단독 집권**
  세계 최초의 복지국가 건설의 시작

- 1937 | **레온 트로츠키, 《배반당한 혁명—소련은 무엇이고 어디로 가고 있는가?》**
  10월혁명의 지도자였던 트로츠키가 소련에서 추방당한 이후 스탈린 체제를 '관료 지배로

퇴행한 노동자 국가'라고 비판하고 나섰다

- 1942~1943 | **스탈린그라드 전투**
  독일 파시즘에 대한 소련의 힘겨운 승리의 전환점이자 전후 질서의 출발점

- 1944 | **칼 폴라니, 《거대한 전환—우리 시대의 정치적, 경제적 기원》**
  마르크스주의와는 또 다른 시각에서 자본주의를 비판하고 대안을 성찰한 현대의 고전

- 1945 | **영국 노동당 집권**
  완전 고용 실현을 내세운 노동당이 윈스턴 처칠의 보수당에 압승을 거둠. 서유럽에서 복지
  국가 건설 시대가 시작됐음을 알리는 상징적 사건

- 1946 | **'아랍 사회주의' 등장**
  아랍바트사회주의당의 창시자 중 한 명인 미셸 아플라크Michel Aflaq가 '아랍 사회주의'를
  아랍 세계의 대안으로 처음 제시

- 1949 | **중국혁명**
  세계 역사상 최대의 혁명이 성공했다. 이를 계기로 19세기 이래 동양과 서양 사이의 세력
  균형이 근본적으로 변화할 조짐을 보이기 시작했다

- 1950 | **유고슬라비아, 소련식 국가사회주의에서 노동자 자주관리 체제로 전환**
  소련 모델을 벗어난 유일한 현실사회주의 체제의 등장

- 1956 | **소련 공산당 제20차 당대회에서 니키타 흐루쇼프가 스탈린 비판**

- 1956 | **헝가리혁명**
  이 사건을 계기로 소련 체제에 실망한 서구의 이전 공산당 지지자와 청년 급진파들이 새로
  운 변혁 이념을 찾아 '신좌파New Left'를 형성하기 시작했다

- 1956 | **앤서니 크로슬랜드, 《사회주의의 미래》**
  '사회(민주)주의'를 복지국가의 건설 및 유지와 등치시키는 입장의 등장

- 1959 | **서독 사회민주당, 바트고데스베르크 강령 채택**
  바트고데스베르크에서 열린 당대회에서 서독 사회민주당이 크로슬랜드와 비슷한 입장의
  새 강령을 채택. 그러면서 이를 '민주(적) 사회주의Democratic Socialism'라 이름 붙였다

- 1959 | **쿠바혁명**
  라틴아메리카에서 처음으로 민족주의 혁명으로부터 사회주의 혁명으로 발전한 사례. 라
  틴아메리카 좌파 붐의 원점

- 1960년대 | **'아프리카 사회주의' 등장**
  아프리카 신생 독립국의 좌파 성향 정부들(가나, 탄자니아, 세네갈 등)을 중심으로 '아프리
  카 사회주의'가 회자되었다

- 1960 | **중국과 소련의 이념 분쟁 본격 시작**
  코민테른 전통에서 나온 양대 사회주의 국가의 결정적 분열

- 1966 | **중국, 프롤레타리아문화대혁명 개시**

소련 모델로부터 출발한 사회주의 국가의 전무후무한 이상주의적 일탈. 그러나 마오쩌둥은 이 거대한 대중운동이 자신의 당내 권력을 회복시키는 데서 더 나아가는 것을 원치 않았다

- **1968** | **베트남의 구정 공세를 계기로 전 세계적인 학생, 노동자 투쟁 전개**
  러시아혁명으로부터 시작된 반제국주의 투쟁의 뒤늦은 절정이자 신좌파 세대 등장의 분수령

- **1970** | **칠레, 인민연합 정부 출범**
  '사회주의로 가는 민주적, 평화적 길'을 표방하며, 선거로 집권한 좌파 정부로서는 최초로 복지국가 수준을 넘어선 급진 개혁을 추진

- **1976** | **스웨덴 금속노동조합, 임노동자기금 구상을 대안으로 채택**
  지금까지 제출된 탈자본주의 전략 중 가장 참신한 구상이 제출됨

- **1978** | **중국 덩샤오핑, 공산당 제11기 3중전회 연설에서 개혁 · 개방 정책 선언**
  문화대혁명의 좌편향이 시장화의 우편향으로 돌변했다. 전 세계의 세력 균형이 자본 쪽으로 이동하는 데 결정적으로 기여함

- **1980** | **앙드레 고르, 《프롤레타리아여, 안녕―사회주의를 넘어》**
  생태사회주의의 문제의식을 본격적으로 제기한 문제작

- **1981** | **프랑스, 좌파연합(사회당―공산당) 정부 출범**
  상당히 급진적인 국유화와 복지 확대 정책을 펼쳤으나 1983년 집권 2년 만에 신자유주의에 굴복하고 만다

- **1989** | **동유럽 인민혁명으로 현실사회주의 블록 해체**
  인민들 스스로 국가사회주의를 거부하다. 처음에는 개혁파 사회주의자들이 혁명을 주도했으나 이내 시장화 세력으로 권력이 넘어갔다

- **1991** | **소비에트사회주의공화국연방 붕괴**
  70년 실험의 대단원. 세계 사회주의운동의 '겨울'이 시작되다

- **1995** | **영국 노동당, 당헌 제4조 수정**
  토니 블레어가 이끄는 노동당 새 지도부가 당헌 제4조의 "공동 소유" 표현을 삭제. 이후 영국 노동당은 '제3의 길' 노선을 표방하게 된다

- **2000년대** | **라틴아메리카 '좌파 붐'**
  특히 베네수엘라, 볼리비아, 에콰도르의 좌파 정부들이 '21세기 사회주의'를 표방하며 라틴아메리카 사회주의의 르네상스를 이끌었다

- **2001** | **브라질 포르투 알레그리에서 제1차 '세계사회포럼' 개최**
  이후 세계사회포럼은 신자유주의적 자본주의에 맞설 대안을 모색하는 전 세계적인 토론 마당이 된다

- **2008** | **미국 금융 위기 시작, 이후 유럽 재정 위기로 확산**
  자본주의의 최첨단 형태인 신자유주의가 결정적인 균열을 드러냈다. 사회주의운동의 '겨울'이 끝날 조짐일까?

- 2011 | **지중해 양안에서 각각 '아랍의 봄'과 '점거 운동' 전개**
  청년 세대를 중심으로 한 대중 혁명의 가능성을 엿보다

'비타 악티바'는 '실천하는 삶'이라는 뜻의 라틴어입니다. 사회의 역사와
조응해온 개념의 역사를 살펴봄으로써 우리의 주체적인 삶과 실천의 방
향을 모색하고자 합니다.

비타 악티바 28
사회주의

초판 1쇄 발행 2013년 11월 30일
초판 5쇄 발행 2024년 2월 25일

지은이 장석준

펴낸이 김준성
펴낸곳 책세상
등록 1975년 5월 21일 제2017-000226호
주소 서울시 마포구 동교로 23길 27, 3층(03992)
전화 02-704-1251
팩스 02-719-1258
이메일 editor@chaeksesang.com
광고·제휴 문의 creator@chaeksesang.com
홈페이지 chaeksesang.com
페이스북 /chaeksesang **트위터** @chaeksesang
인스타그램 @chaeksesang **네이버포스트** bkworldpub

ISBN 978-89-7013-857-2 04300
     978-89-7013-700-1 (세트)

• 잘못되거나 파손된 책은 구입하신 서점에서 교환해드립니다.
• 책값은 뒤표지에 있습니다.